1995

H 448.-

KATIMA… QUOI ?

DU MÊME AUTEUR

Autour des trois Amériques, Beauchemin, 1948; Fides, 1952.

Autour de l'Afrique, Fides, 1950.

Aïcha l'Africaine, contes, Fides, 1950.

Aventures autour du monde, Fides, 1952.

Nouvelle aventure en Afrique, Fides, 1953.

Coffin était innocent, Éditions de l'Homme, 1958.

Scandale à Bordeaux, Éditions de l'Homme, 1959.

Deux innocents en Chine rouge (EN COLLABORATION AVEC PIERRE ELLIOTT TRUDEAU), Éditions de l'Homme, 1960.

J'accuse les assassins de Coffin, Éditions du Jour, 1963.

Trois jours en prison, Club du Livre du Québec, 1965.

Les Écœurants, roman, Éditions du Jour, 1966. Stanké, 1987.

Ah ! mes aïeux !, Éditions du Jour, 1968.

Obscénité et Liberté, Éditions du Jour, 1970.

Blablabla du bout du monde, Éditions du Jour, 1971.

La terre est ronde, Fides, 1976.

Faites-leur bâtir une tour ensemble, Éditions Héritage, 1979.

L'Affaire Coffin, Domino, 1980.

Le Grand Branle-bas (EN COLLABORATION AVEC MAURICE-F. STRONG). Les Quinze, 1980.

La Jeunesse des années 80 : état d'urgence, Éditions Héritage, 1982.

Voyager en pays tropical, Boréal Express, 1984.

Trois semaines dans le hall du Sénat, Éditions de l'Homme, 1986.

Yémen – Invitation au voyage en Arabie heureuse, Éditions Héritage, 1989.

Deux innocents dans un igloo, Héritage Jeunesse, 1990.

Deux innocents au Mexique, Héritage Jeunesse, 1990.

Deux innocents au Guatemala, Héritage Jeunesse, 1990.

Deux innocents en Amérique centrale, Héritage Jeunesse, 1991.

Bonjour, le monde !, Éditions Robert Davies, 1996.

Duplessis, non merci !, Éditions du Boréal, 2000.

EN ANGLAIS

I Accuse the Assassins of Coffin, Éditions du Jour, 1964.

The Temple on the River, ROMAN, Harvest House, 1967.

Two Innocents in Red China (EN COLLABORATION AVEC PIERRE ELLIOTT TRUDEAU), Oxford University Press, 1968.

The World is Round, McClelland & Stewart, 1976.

Have Them Build a Tower Together, McClelland & Stewart, 1979.

The Great Building-Bee (EN COLLABORATION AVEC MAURICE-F. STRONG), General Publishing, 1980.

The Coffin Affair, General Publishing, 1981.

21 Days – One Man's Fight for Canada's Youth, Optimum Publishing, 1986.

Travelling in Tropical Countries, Hurtig Publishers, 1986.

Yemen – An Invitation to a Voyage in Arabia Felix, Heritage Publishing, 1989.

Hello, World! Robert Davies Publishing – Talon Books,1996.

EN ALLEMAND

Jemen – Einladung zu einer Reise nach Arabia felix, Azal Publishing, 1989.

Jacques Hébert

KATIMA… QUOI ?

**25 000 kilomètres sur les routes du Canada,
à la rencontre de l'École de la vie**

Illustré de 142 photos par Anthony Loring

COSMOPOLITE

Conception graphique et maquette de la couverture :
JOEL SKOGMAN + ANTHONY LORING

Copyright © 2001, COMMUNICATION COSMOPOLITE
ISBN : 2-9807262-0-6

Dépôt légal :   Bibliothèque nationale du Québec, 2001
                  Bibliothèque nationale du Canada, 2001

DIFFUSION

Édition en langue francaise :

DIMÉDIA

539, boulevard Lebeau, Saint-Laurent, Québec, Canada H4N 1S2
Tél. : (514) 336-3941
Fax : (514) 331-3916
Courriel : commandes@dimedia.qc.ca

Édition en langue anglaise (KATIMA... WHAT?) :

GENERAL DISTRIBUTION SERVICES Ltd.

325, Humber College Blvd., Toronto, Ontario, Canada M9W 7C3
Tél. : (416) 312-1919
Fax : (416) 213-1917
Courriel : cservice@genpub.com

ÉDITEUR

COMMUNICATION COSMOPOLITE

C.P. 212, Succursale Victoria, Westmount, Québec, Canada H3Z 2V5

Remerciements

Katimavik ne pouvait contribuer en aucune manière au financement du voyage de Jacques Hébert et d'Anthony Loring, pourtant consacré à sa promotion. Pareille extravagance n'étant pas prévu à son budget, il a fallu compter sur quelques amis généreux, grâce auxquels on a pu réunir des dons en argent et en nature suffisants pour couvrir les frais de l'entreprise.

Katimavik doit une vive reconnaissance à ces personnes de cœur sans lesquelles ce voyage, de même que les vidéos d'Anthony Loring et le présent ouvrage n'auraient jamais existé. En voici la liste, par ordre alphabétique :

Angers, Philippe

Antoft, Kell

Bell Mobilité

Clément, Jacques

Le Groupe Caron et Ménard Ltée

MacDougall, Reford

Frenette, Claude

Goodridge, Edythe

Rodriguez, Pablo

Saint-Germain, Robert

Smith, Michael D.

Zellers Family Foundation

À L'HONORABLE BARNETT DANSON, C.P., O.C.

premier ministre responsable de Katimavik,
dont il avait la passion

Never doubt that a small group of thoughtful, commited citizens can change the world. Indeed it's the only thing that ever has.

Margaret Mead

CANADA

PRÉAMBULE

Pourquoi diable entreprendre un aussi long voyage à travers le Canada, de Saint-Jean à Terre-Neuve jusqu'au Yukon, dans une camionnette sans doute aménagée pour le camping mais au confort relatif ? Je croyais pourtant un peu connaître mon pays démesuré, fou, presque aussi grand que l'Europe entière. Depuis mon adolescence, je l'ai sillonné de long en large, hélas ! surtout en train et en avion. Il me restait peut-être à en prendre la mesure à ras de terre, sur la route, à m'imbiber de ses miraculeux inouïs paysages, sans interruption, jour après jour, pendant trois mois…

Disons-le tout de suite : *jamais* je n'aurais entrepris cette balade un peu longuette, à l'âge de 77 ans, sans une puissante motivation. Elle m'est venue par hasard, au cours d'une rencontre à Vancouver avec de jeunes participants de Katimavik.

L'un d'eux, à l'aspect plutôt bizarre avec ses cheveux broussailleux, teints vert lime, me raconte son histoire, résumée ici de mémoire :

« *Where are you from?*, lui demandai-je platement, pour amorcer une conversation.

— Je viens de Québec, me répond-il, en français.

— De la ville même ?

— Bah ! plus ou moins…

— Ce qui veut dire ? »

Le garçon de 18 ans, à la tignasse vert lime, hésite un moment. Puis, avec un sourire embarrassé :

« Depuis deux ans, je vivais dans la rue. À Québec et en banlieue... On nous appelle 'itinérants'. Une vie d'enfer ! Je ne
voyais vraiment pas comment je pourrais m'en sortir. Un
jour, ma mère, qui habite la Côte-Nord, m'envoie une
coupure de journal : une *patente* appelée Katimavik invitait
les jeunes de 17 à 21 ans à participer à un programme de
plus de sept mois. Je pourrais découvrir trois régions de
mon pays, apprendre l'anglais et diverses techniques de travail, me faire des amis... Je n'y croyais pas. On ne m'ac-
ceptera jamais ! Moi, un gars qui n'a même pas de domicile,
et qui a décroché de l'école il y a un sacré bout de temps...

— Mais tu avais tout de même soumis ta candidature...

— Bah ! Rien à perdre ! Sauf le prix du timbre. J'avais complètement oublié tout ça quand je reçois une lettre du
bureau de Katimavik m'annonçant que j'avais été accepté
comme participant. *Wow !* Je n'en croyais pas mes yeux !
Wow ! J'ai relu la lettre cinq fois ! Du jour au lendemain, ma
petite vie allait changer. Et j'étais loin de me douter jusqu'à
quel point ! Pour l'instant, ce qui comptait avant tout, c'est
que je n'étais plus 'un enfant de la rue'. Pour la première fois
depuis deux ans, j'allais avoir un toit sur ma tête, celui de la
maison Katimavik, où je rejoignis dix autres jeunes venus de
tous les coins du pays. Pour la première fois depuis deux
ans, je pouvais compter sur trois repas par jour. Mais, plus
cool encore, j'avais dix nouveaux amis, bientôt comme des
frères et des sœurs, avec qui partager sept mois d'expériences super.

— Par exemple ?

— Je n'avais jamais voyagé. Et voilà que j'allais vivre et travailler dans trois provinces différentes : au Québec, à Saint-

Joachim-de-Courval, à East Vancouver, en Colombie-Britannique, où je suis en ce moment, et bientôt à Goderich, en Ontario, au bord du lac Huron. Au départ, je ne savais pas un mot d'anglais. Maintenant, je me considère comme bilingue. *Wow !* Mes nombreuses expériences de travail m'ont donné toutes sortes d'idées pour mon avenir. Une chose est absolument sûre : je ne serai plus jamais un itinérant. Merci Katimavik ! »

Belle émouvante histoire que j'ai dû raconter cent fois depuis... Mais le gars aux cheveux vert lime a encore un mot à dire :

« Un autre itinérant de mon âge a lui aussi envoyé son application, mais il n'a pas eu ma chance : on l'a refusé faute de place. C'est pas juste ! Peut-être que, lui aussi, il aurait pu sortir de la rue, entrer dans une belle vie...

— Tu as raison : c'est pas juste ! »

On se quitte là-dessus, et je rentre à Montréal avec, dans la tête, cette cinglante conclusion d'un jeune participant rencontré par hasard, et dont j'ai oublié le nom, sinon la couleur de la crinière : « C'est pas juste ! ».

En fait, Katimavik n'a pas été créé à la seule fin d'arracher à leur enfer les jeunes itinérants de la ville de Québec, mais pour arracher le plus grand nombre possible de jeunes Canadiens à une vie moche, égoïste, sans ouverture sur le monde, qu'ils soient fils de bourgeois ou filles de chômeur, étudiants égarés dans les absurdes labyrinthes de nos systèmes d'éducation ou décrocheurs sans espoir, jeunes encore plein d'idéal ou apprentis drogués qui ne croient plus à rien.

Dans l'avion qui me ramène de Vancouver, je demande à mon ami Jean-Guy Bigeau, directeur général de Katimavik, le nombre de candidats auxquels il devra dire non, cette année encore, à défaut d'un budget adéquat : « Plus de 4 000... » [1], me répond-il, un peu piteux, comme si c'était sa faute.

Cela fait beaucoup de « Mozarts assassinés », comme dirait Saint-Exupéry. Mis à part quelques suicidés pour la statistique, ces milliers de jeunes finiront par survivre, tant bien que mal, mais plusieurs d'entre eux perdront leur vie dans la médiocrité envahissante, la petitesse de la société de consommation, quelques-uns même, hélas ! dans la délinquance. Parce que Katimavik leur a dit non !

Alors que, sans hésiter, nos gouvernements engloutissent des milliards pour combattre le chômage, le décrochage scolaire, la drogue, l'alcool, la délinquance, ils deviennent carrément avares de leur millions quand il s'agit de les investir dans les rares programmes capables de donner de l'espoir aux jeunes et d'en faire des citoyens plus dynamiques, autonomes, ouverts, fraternels, sans préjugés, en mesure à leur tour de changer notre société en profondeur.

« C'est pas juste ! » Le cri de mon jeune ébouriffé au poil vert ne cesse de me hanter comme un reproche et un blâme. Si, après plus de vingt ans d'efforts, on n'a pas encore convaincu les gouvernements que Katimavik est l'aubaine du siècle et que tous les jeunes Canadiens qui le souhaitent devraient y avoir accès (comme on a tous accès aux soins de santé !), c'est sans doute qu'on n'a pas utilisé les bons arguments : *mea culpa !*

---

1.   *En 1999 et 2000, Katimavik a accepté 1 587 jeunes et en a refusé 9 079.*

Jusqu'à maintenant, les gouvernements invoquaient les difficultés financières et les déficits pour réduire au minimum leurs investissements dans les plus nobles causes, par exemple la jeunesse. Ce n'est plus vrai.

Et pendant ce temps-là, le budget de Katimavik demeure si faible qu'on refusera 6 400 jeunes en 2001. Katimavik qui a tout de même fait ses preuves après deux décennies de réussites concluantes comme en témoignent les 21 000 anciens participants, leur famille, leurs amis, Katimavik qui jouit d'une réputation internationale, qui a reçu une distinction des Nations Unies, qui a directement inspiré des programmes semblables en Australie, en Californie, à New York, etc., Katimavik qui a laissé sa marque dans quelque 1 780 communautés du Canada, non seulement sous forme tangible (construction de bâtiments, de parcs, de sentiers écologiques; travaux divers pour améliorer l'environnement et la qualité de vie), mais aussi sur le plan des relations humaines en mettant ces communautés en contact avec des jeunes de toutes les régions du pays et vice versa.

Mais alors, comment expliquer que les gouvernements ne viennent pas supplier Katimavik d'offrir son programme non plus à 957 [2] jeunes par année, mais à 5 000, 10 000, 20 000 ?

Pour moi, c'est là un profond mystère. Et je n'accuse personne si ce n'est moi-même de n'avoir pas réussi, en près d'un quart de siècle, à sensibiliser à Katimavik tous les hommes et toutes les femmes politiques de tous les partis, à tous les paliers de gouvernement, tous les fonctionnaires (déjà plus difficile !) et même les médias, sympathiques à

---

2. *Ce chiffre de 2001 inclut les 81 agents de projet (chefs de groupe), également ment des jeunes.*

Katimavik, mais qui n'en parlent pas tous les jours en vertu du principe qu'une « bonne nouvelle n'est pas une nouvelle » !

C'est alors que m'est venue l'idée de ce long voyage (25 000 kilomètres) par la route, à travers toutes les provinces du Canada, les Territoires du Nord-Ouest et le Yukon. Objectif : la promotion de Katimavik par tous les moyens possibles, par des rencontres avec les 38 groupes de participants échelonnés d'un océan à l'autre, avec les communautés, les maires, conseillers municipaux, députés, sénateurs et autres notables, sans oublier les interviews à la télévision, à la radio et dans les journaux. En un mot, faire redécouvrir Katimavik, l'École de la vie !

Évidemment, j'ignorais quelles pourraient être, à court et à long terme, les répercussions d'un tel voyage. Je savais seulement, par expérience, qu'il arrive plus de choses quand on bouge que lorsqu'on reste là !

Ayant un peu voyagé dans ma jeunesse sur les routes d'Afrique, d'Asie et d'Amérique latine, je savais que le moyen de transport le plus pratique et le plus économique serait une camionnette aménagée pour le camping. Il me fallait aussi un bon compagnon de voyage. Et, enfin, un équipement de pointe pour multiplier les retombées de l'entreprise : ordinateur, téléphones cellulaires, caméra vidéo, appareil photo numérique, etc.

Tout cela allait coûter une certaine somme, à trouver évidemment en dehors du budget de Katimavik. On imagine le scandale : « Le président fondateur de Katimavik se fait payer par le gouvernement des vacances de trois mois à travers le Canada. Et patati et patata !... »

On a donc réuni un petit comité d'amis convaincus, comme moi, que le voyage projeté serait bénéfique à Katimavik et, en conséquence, à la jeunesse de notre pays.

D'une réunion à l'autre, on trouvait des appuis nouveaux : la camionnette nous serait prêtée pendant trois mois, de même que l'ordinateur, les téléphones, les appareils photo et vidéo, etc. Mais il fallait aussi de l'argent liquide pour couvrir le coût de l'essence, de la nourriture, des traversiers, des terrains de camping, etc. Grâce à quelques généreux amis, on trouva bientôt les milliers de dollars indispensables [3].

Restait la question du compagnon de voyage. Par expérience, je la savais cruciale…

Il me fallait un bénévole, aucun salaire n'ayant été prévu au budget. Ma première idée : avec l'aide des cinq bureaux régionaux de Katimavik, trouver cinq bénévoles qui m'accompagneraient pendant la visite de leur région du pays. Chacun donnerait à la cause trois semaines de son temps, ce qui est plus raisonnable que trois mois.

Secrètement, je me disais que si l'un ou l'autre de ces cinq bénévoles était mauvais chauffeur, piètre photographe ou casse-pieds, l'épreuve serait moins longue !

En juin, quelques semaines avant de quitter Montréal en direction de Saint-Jean (Terre-Neuve) où, naturellement, devait se dérouler la cérémonie « officielle » du départ, je pris contact avec Rachel Robichaud, coordonnatrice des projets de Katimavik en Nouvelle-Écosse. Je lui demandai de

---

3. *Voir Remerciements à la page 7.*

me suggérer, parmi les anciens participants ou agents de
projet de sa région, un compagnon de voyage (assistant
bilingue, guide, chauffeur, photographe, vidéographe, etc.)
disposé à partager mes peines et mes joies dans les quatre
provinces de l'Atlantique, pendant environ trois semaines.
Gratis pro Deo !

Peu après, Rachel me propose un de ses agents de projet,
libre dès la fin de juin : Anthony Loring. Elle m'en parle avec
tant de chaleur que j'attends avec une certaine curiosité le
coup de téléphone d'Anthony.

Voix grave. Très sérieux. Trop ? On verra. Modeste : quand
je lui demande s'il est à l'aise avec toute ma quincaillerie
électronique et audiovisuelle, il répond simplement : « Oui ».
Plus tard, une fois en route, j'ai compris que les ordinateurs,
vidéos et autres appareils photo n'avaient aucun secret
pour lui : il avait étudié trois ans à l'Université Concordia
dans ces domaines.

Je lui pose quelques questions inoffensives :

« Tu as le sens de l'humour ? »

Très sérieusement, Anthony répond :

« Oui.

— Tu en auras besoin ! »

Tout à coup, alors que j'avais laissé entendre que j'envi-
sagerais peut-être de voyager à travers les provinces de
l'Atlantique en sa compagnie, il prend son ton le plus grave
pour me dire :

« J'aimerais mieux faire *tout* le voyage avec vous...

— Le Canada en entier ? Trois mois ? Sans le moindre salaire ?

— Oui. »

Je me sens coincé. Si j'accepte cette offre fort généreuse, je vivrai pendant près de trois mois avec ce garçon dont je ne sais absolument rien, sauf qu'il a été un très bon agent de projet de Katimavik au cours des derniers mois.

Et s'il se révélait un chauffeur exécrable ? Et s'il picolait ? Et si son sens de l'humour s'avérait moins évident qu'il ne le prétend ?

Avant de répondre, je bavarde encore un peu et finis par apprendre qu'il a été participant de Jeunesse Canada Monde au Brésil, à l'âge de 18 ans. Je l'aurais même rencontré, affirme-t-il, lors d'une visite « officielle » dans ce pays en 1989. Je lui aurais parlé brièvement... comme aux vingt ou trente autres participants ! Hélas ! je n'ai gardé aucun souvenir du jeune Anthony de 18 ans, mais cette anecdote me rassure un peu : nous avons quelques petites choses en commun...

Ce qui m'impressionne davantage, c'est sa générosité : sans hésiter, ce jeune homme de 28 ans offre trois mois de sa vie à Katimavik. Bien sûr, il découvrira des coins du Canada qu'il ne connaît pas encore, mais dans des conditions pas toujours faciles, selon un itinéraire qui évitera sûrement les chutes Niagara, mais fera des détours insensés pour aller rejoindre un groupe de Katimavik dans un petit village perdu. Et en compagnie d'un « vieux » de 77 ans qui pourrait être son grand-père !

« Trois mois ! Un risque énorme…

— Pour les deux ! », conclut-il en riant.

À la fin de cet entretien téléphonique, nous nous étions mis d'accord. Pour le meilleur ou pour le pire !

* * *

Au cours de ce récit, illustré par les photos d'Anthony, je puiserai abondamment dans mes notes de voyage, rédigées chaque soir, beau temps, mauvais temps. À l'occasion, je citerai l'un des quelques centaines de participants rencontrés entre Terre-Neuve et le Yukon; cela sera d'autant plus facile qu'ils auront été interviewés par Anthony qui, le long de la route, par-dessus le marché, a tourné les vidéos dont Katimavik avait le plus urgent besoin.

Bon voyage !

Chapitre 1

LE FAUX DÉPART

Du Québec à Terre-Neuve

Le 22 juin 2000

J'ai eu 77 ans hier. Adieux Tintin !

Anthony m'attend à Cap-Pelé, au Nouveau-Brunswick, où a lieu le *debriefing* des agents de projet de son équipe de Katimavik. Je quitterai donc Montréal avec un autre compagnon de route, Alain Choinière, avec qui je travaille depuis plusieurs semaines à la préparation du voyage, de la logistique dont il sera responsable : contacts avec les bureaux régionaux de Katimavik, les coordonnateurs, les agents de projets, les anciens participants, les Amis de Katimavik, les médias, etc.

La camionnette, aménagée en *camper* [4], nous fait tout de suite bonne impression : elle tient bien la route, consomme l'essence avec modération et offre un espace bien aménagé pour faire la cuisine, manger, écrire et dormir. Compte tenu de mon âge avancé, je coucherai au rez-de-chaussée sur un bon matelas, tandis que mon assistant dormira à l'étage : quand on relève le toit du véhicule, se dresse une sorte de tente où l'on dort sur une toile tendue.

Aujourd'hui, filons sans nous arrêter jusqu'à Pointe-à-la-Garde, où nous attendent pour dîner de vieux amis de Katimavik, Denise et Jacques Clément, en villégiature au

---

4. Camper, *New West*, *prêté par St-Germain Chevrolet, 10, boul. Don-Quichotte, Île-Perrot, Québec, G1N 2G2.*

bord de la lumineuse Baie des Chaleurs. On a invité la famille, et c'est la fête : sublime gratin de fruits de mer, bien arrosé de vin blanc.

J'inaugure mon lit dans la camionnette, que nous appellerons tout bêtement la *van,* un anglicisme accueilli par le Petit Robert pour désigner « une voiture servant au transport des chevaux de course ». Bah ! Du moment qu'on avoue qu'il s'agit d'un anglicisme, on est à moitié pardonné !

Bien entendu, les Clément avaient préparé deux chambres d'amis à notre intention. Merci, mais je préfère dormir « chez moi », comme je le ferai tout le long de la route. Par contre, peu attiré par l'espèce de tente juchée sur le véhicule, Alain choisit le luxe bourgeois du petit chalet destiné aux invités. Mais la vertu est toujours récompensée : je dors comme un moine tandis que mon malheureux compagnon se fera dévorer toute la nuit par les moustiques !

Le 23 juin

Lever à 6 h. Petit déjeuner avec nos amis et, à 8 h 30, en route vers le Nouveau-Brunswick et ce Cap-Pelé au nom inquiétant, pourtant bien joli village acadien au bord de la mer, en l'occurrence le détroit de Northumberland, face à l'Île-du-Prince-Édouard.

Sont réunis dans un chalet loué pour le temps du *debriefing,* les agents de projet, leur coordonnatrice Rachel Robichaud et le personnel du bureau régional de l'Atlantique. Je rencontre enfin Anthony, que je connais vaguement grâce à trois brefs coups de téléphone : barbu, musclé, sérieux, bon sens de l'humour. Ça devrait aller !

Dîner de fruits de mer et de bonne humeur. Les collègues d'Anthony s'amusent à nous poser des questions embarrassantes, sous prétexte de s'assurer que nous avons des caractères compatibles et que ce voyage de deux êtres séparés par un demi-siècle ne tourne pas à la catastrophe. Nous passons le test tant bien que mal...

À Cap-Pelé, avec les collègues d'Anthony. (Photo Alain Choinière)

Le 24 juin

Brunch à la maison Katimavik de Cap-Pelé avec un groupe de participants et quelques notables, dont le député provincial et le député fédéral.

Il ne s'agit pas du programme normal de sept mois (hélas ! déjà trop court !) mais d'un projet expérimental de neuf semaines appelé LeaderPlus et destiné aux jeunes de 22 à 26 ans. Il y manque évidemment trop d'éléments essentiels

pour que ce programme abrégé puisse être comparé au programme normal, mais il sera utile s'il prépare des leaders et,
entre autres, des agents de projet pour Katimavik.

Le groupe de Cap-Pelé, N.-B. (Photo Alain Choinière)

L'honorable Jos Landry, ancien collègue du sénat, vient nous
rejoindre pour partager un gâteau d'anniversaire. Dans un
groupe de onze participants, c'est toujours l'anniversaire de
quelqu'un ! Magnat du homard dans la région, l'ancien sénateur nous en offre un grand sac pour que le groupe puisse se
régaler ce soir. En attendant, nous nous régalons des crêpes,
omelettes, brioches et pâtisseries préparées par les participants.

Je joue à l'innocent : « Excellent, ce pain. Vous le trouvez à
Cap-Pelé ? »

Nos deux députés vantent à leur tour le bon pain de blé
entier, qui ne doit pas manquer de fibre. Les participants

rigolent : ils ont tout fait eux-mêmes, y compris le pain, chef-d'œuvre de Chris Sampson, le gars du Labrador. Entre mille autres choses, les participants apprennent tous à pétrir la pâte à pain. Si tous les députés avaient l'occasion de manger des crêpes avec un groupe de participants et de goûter au pain de Chris Sampson, Katimavik n'aurait plus de problèmes !

Le 25 juin

Adieux à Alain : comme un grand garçon, il retournera à Montréal en train.

Départ de Cap-Pelé en compagnie d'un Anthony encore un peu abasourdi par la réalité qui, tout à coup, lui tombe dessus. En mettant les pieds dans notre véhicule tout neuf, il doit bien penser, comme moi, que cette boîte en tôle sera notre maison, notre bureau et notre moyen de transport au cours des prochains mois.

Objectif immédiat : atteindre Terre-Neuve dans les quarante-huit heures. Nous nous apprivoisons l'un l'autre, avec précaution, tout en admirant les doux paysages du Nouveau-Brunswick et de la Nouvelle-Écosse.

À l'heure du lunch, quelque part dans l'île du Cap Breton, nous nous arrêtons à l'ombre de grands érables. À travers leur feuillage vert vif, on entrevoit les éclats du lac du Bras d'Or, un lambeau d'Atlantique venu éclabousser tout l'intérieur de l'île.

Premier repas sur la route. Il en reste peut-être 250 à venir...
Déjà, nous avions pris la résolution de bien manger, en évi-

tant le *fast food* et les restaurants, d'ailleurs au-dessus de nos moyens. Menu d'à midi : avocats à l'huile d'olive et au citron, sandwichs au thon et aux tomates, faits avec du pain de blé entier, il va sans dire, lait de soya, bananes.

Première nuit sur un terrain de camping public près de North Sydney, d'où nous prendrons le traversier demain matin en direction du petit port d'Argentia. Ancienne ferme, plantée de beaux arbres feuillus, avec vue imprenable sur le scintillant Bras d'Or.

Chapitre 2

LE VRAI DÉPART

Terre-Neuve

Le 26 juin

Lever à 5 h 30 pour ne pas rater le *M.V. Joseph and Clara Smallwood*, imposant traversier qui nous conduira à Terre-Neuve... en la bagatelle de quinze heures !

Profitons de ce répit pour mettre de l'ordre dans nos notes et nos comptes, tout en étudiant les possibilités de notre impressionnant arsenal électronique et audiovisuel, pour moi mystère absolu. Dieu merci, tous ces merveilleux gadgets paraissent familiers à Anthony. Ou alors, il fait semblant de façon fort convaincante !

Dans l'impossibilité de cuisiner, nous nous rabattons sur la cafétéria, apparemment pas un haut lieu de la gastronomie terre-neuvienne. Montignac en ferait une syncope : poisseuses pizzas, hamburgers bien gras (héroïquement traduit par « hambourgeois », car on est bilingue à bord !), le tout noyé sous une épaisse sauce brunâtre, celle-là même qu'on retrouve sur le poulet, le poisson, les côtelettes de porc, voire les grosses frites déjà dégoulinantes de cholestérol.

Mais les Terre-Neuviens sont tellement gentils qu'ils nous feraient avaler n'importe quoi... à l'aide d'une bonne gorgée de *screech* !

Je lis, j'écris, je dors tandis qu'Anthony explore le navire et se gave de l'Atlantique sur lequel il vogue pour la première fois de sa vie.

Le ciel est gris, la mer est grise, tout est gris à bord de cette embarcation fonctionnelle qui n'a rien d'un rutilant *Love boat…*

Amarrage vers 23 h au port d'Argentia. Nous roulons dans la nuit noire sur une petite route sinueuse, dont nous saurons demain qu'elle présente un certain danger en raison des orignaux qui la fréquentent sans vergogne. Après un mauvais virage et moults détours, revenons presque à notre point de départ pour aboutir dans un parc à deux pas d'Argentia. Nous y passerons la nuit, au milieu d'une sombre et frissonnante pinède.

Le 27 juin

Dès 6 h, nous filons franc nord en évitant Saint-Jean : on nous attend d'abord au parc national Terra Nova, où des groupes de Katimavik ont bien bossé au cours des deux dernières années.

Prévenus par Alain grâce au cellulaire, nous nous arrêtons à Clarenceville pour y saluer Sheila Kelly Blackmore, agente de projet dans les années 80. Après avoir consacré une vingtaine d'années de sa vie aux autres, elle administre depuis peu un important motel où elle nous invite à déjeuner. Il serait difficile de passer outre : un panneau-réclame lumineux nous souhaite la bienvenue et, aux mâts plantés devant son établissement, Sheila a fait hisser le drapeau de Katimavik à côté de ceux de Terre-Neuve et du Canada. Elle a même convoqué la presse locale : première interview du voyage !

Le drapeau de Katimavik dans le ciel de Terre-Neuve.

Très bonne route jusqu'au parc Terra Nova. Devant l'édifice de l'administration, debout au grand vent, nous attend Edythe Goodridge, vieille amie toujours jeune : sa passion pour Katimavik ne l'a jamais quittée depuis les années où elle a siégé au conseil d'administration. À la « belle époque »...

Il y a à peine deux mois, quand je lui téléphonai pour lui demander de réanimer le groupe des Amis de Katimavik et d'organiser avec eux l'événement du départ de Saint-Jean, elle accepta avec la générosité et la joie débordante qui la caractérisent. Nous tombons dans les bras l'un de l'autre, refusant de croire que nous ne nous sommes pas vus depuis une décennie.

Les responsables du parc ont préparé une petite réception pour marquer leur reconnaissance à Katimavik, dont les participants ont bien travaillé dans ces bois depuis deux ans. On attendait un autre groupe cette année mais, faute d'argent, Katimavik s'est résigné à n'avoir aucun projet à Terre-Neuve avant l'an prochain. « C'est pas juste ! », comme dirait l'autre.

Parmi les invités, l'honorable Fred Mifflin, député du coin et ancien ministre. Il prononce un puissant discours dont voici quelques bribes :

« Sans conteste, Katimavik est le meilleur programme pour les jeunes que nous ayons jamais eu au Canada... »

Bravo ! Voilà qui fait bon entendre de temps en temps !

« La présence et le travail de ses participants, venus de tout le pays, a contribué au développement de cette région et, en particulier, de *mon* parc », insiste-t-il en souriant.

« Il est regrettable que Katimavik ne puisse se développer davantage et qu'il soit absent de Terre-Neuve cette année. Mais Jacques Hébert sait qu'il peut compter sur mon appui à Ottawa... »

Je fais la connaissance de Valérie Poirier-Payette, participante du Québec qui a terminé son projet de travail dans le parc le 12 avril dernier. Elle a tellement aimé l'expérience qu'elle continuera de travailler ici jusqu'à l'automne, alors qu'elle ira poursuivre ses études dans sa province. Valérie me présente sa famille d'accueil, avec laquelle elle a vécu deux semaines, comme il est de règle. Elle y vivra maintenant jusqu'en septembre.

Adieux à tout ce beau monde. Edythe Goodridge, qui habite aux alentours, nous rejoindra demain à Saint-Jean.

Ce soir, nous n'avons pas de mal à trouver un terrain de camping : il y en a un, magnifique, à l'intérieur même du parc national. Au guichet, on nous apprend que nous sommes les hôtes de la maison : notre petit coin de forêt ne nous coûtera rien !

À droite, Valérie Poirier-Payette avec sa famille d'accueil.

Le 28 juin

En route vers Saint-Jean : 240 kilomètres, quelques heures. Encore de joyeuses retrouvailles : Bruce Gilbert, agent de projet dans les années 80, maintenant directeur général du *Newfoundland Conservation Corps,* « largement inspiré de Katimavik », fait-il, en souriant d'un air complice.

Avec Edythe, Bruce est un des puissants moteurs des Amis de Katimavik à Terre-Neuve et, bien sûr, de la petite fête organisée à l'occasion du départ dit « officiel », en présence du premier ministre de la province, l'honorable Brian Tobin.

Nous avons des tas de souvenirs en commun et Bruce m'en rappelle quelques-uns :

« Vous vous souvenez du jour où nous nous sommes retrouvés à Saint-Jean, Terre-Neuve, avec Brian Arsenault, alors responsable de la région… »

Si je m'en souviens ! Le 29 janvier 1986, le Secrétaire d'État du Canada, l'honorable Benoît Bouchard, annonce à Katimavik ce qu'il croit être son arrêt de mort : le gouvernement lui supprime toute subvention ! Dans une ultime tentative pour inciter le gouvernement à revenir sur sa décision, j'entreprends une tournée des médias qui me conduit à Vancouver, Edmonton, Regina, Winnipeg, Toronto, Montréal, Québec, Halifax, Fredericton, Charlottetown, et, finalement, à Saint-Jean (Terre-Neuve).

En compagnie de Brian Arsenault et Bruce Gilbert, dans le petit hall du poste NTV à Saint-Jean, j'essaie d'évaluer non seulement l'impact de ce blitz médiatique, mais, surtout, les efforts des Amis de Katimavik, qui s'étaient constitués à travers le pays. Grâce à eux, les journaux, les députés, le premier ministre Mulroney recevaient des lettres par centaines, on recueillait des dizaines de milliers de signatures au bas de pétitions ensuite déposées à la Chambre des communes par les députés de l'opposition libérale et néo-démocrate.

Brian, Bruce et moi sommes tombés d'accord sur un point : j'avais vraiment utilisé *tous* les moyens usuels de faire pression sur l'opinion publique et sur le gouvernement.

Nous en étions là dans nos réflexions, quand Brian Arsenault me lança à la blague :

« Il vous reste la grève de la faim ! »

Après avoir éclaté de rire, je me mis soudain à réfléchir tout haut à cette drôle d'idée. Au moment de quitter mes deux amis pour rentrer à Montréal, ma décision était prise [5].

C'est cet incident que me rappelle Bruce, presque quinze ans plus tard...

À Saint-Jean, T.-N., rencontre avec Bruce Gilbert.

Lunch au Ship Inn, petit resto sympa où nous retrouvons notre chère Edythe, ainsi que Bob Stone, autre passionné dont on nous a beaucoup parlé : il préside le Comité local de Katimavik à Bell Island, adorable petite île de 2 500 habitants, située dans la baie Conception, en face de Saint-Jean. Depuis trois ans, Bob se dévoue pour assurer le succès du programme dans son île. Il insiste pour nous y conduire

---

5. Trois semaines dans le hall du Sénat, *Jacques Hébert, Éditions de l'Homme, Montréal, 1986.*

demain, après la cérémonie, histoire de rencontrer, à défaut de participants, quelques nostalgiques de Katimavik : partenaires, superviseurs de travail, familles d'accueil, etc.

En attendant, tout le monde insiste pour qu'Anthony ne quitte pas Saint-Jean sans aller à Signal Hill, une colline historique à mort, qui domine l'étroite entrée du port de Saint-Jean. Consciencieusement, je l'y accompagne, mais, comme c'est souvent le cas, la brume enveloppe toute la baie. Il n'y a donc rien à voir sauf, bien sûr, quelques canons rouillés qui rappellent les combats entre Britanniques et Français pour le contrôle de l'île (et de la morue !). En 1762, les Britanniques ont eu le dernier mot. Plus récemment, en 1901, c'est encore ici que Marconi reçut les premiers mots transmis par télégraphie sans fil à travers l'Atlantique. Anthony n'aura peut-être rien vu, mais il pourra ajouter quelques dates à sa culture !

Ah ! le plaisir d'apprendre que Saint-Jean est une des rares villes munies d'un grand parc sauvage à l'intérieur même des limites de la municipalité. Avec un terrain de camping de 185 places. Nous camperons donc au parc Pippy, à deux pas du centre de la ville.

Le 29 juin

Vers 11 h, un bon nombre d'Amis de Katimavik de la région se retrouvent au *Resource Center for the Arts,* centre culturel récemment rénové avec l'aide des participants de Katimavik. Tout à fait indiqué comme point de départ...

Il y a quelques semaines à peine, j'avais téléphoné au premier ministre de Terre-Neuve et du Labrador, l'honorable

Brian Tobin, pour l'inviter à présider cet événement. Il n'avait pas hésité une seconde :

« Tu sais que j'ai toujours appuyé Katimavik. Je suis donc heureux et fier de pouvoir un peu t'aider à en faire la promotion. »

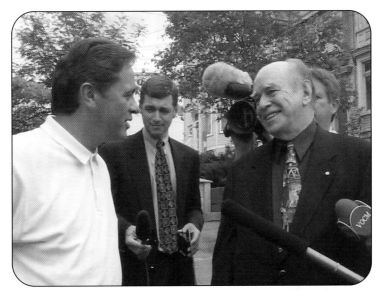

L'honorable Brian Tobin, premier ministre de Terre-Neuve, à la cérémonie de départ.

Il va sans dire que la présence du jeune et dynamique premier ministre nous assure celle de tous les médias.

Edythe et moi accueillons cet homme chaleureux et vrai. Contrairement à tant de politiciens que j'ai connus, il écoute *vraiment* son interlocuteur, il s'intéresse à ce qu'on lui dit, ses propos viennent du cœur et non pas des notes préparées par des adjoints.

Brian Tobin improvise donc un petit discours percutant, diffusé par tous les médias de la province... mais dont on souhaiterait qu'il soit entendu dans tout le pays !

Il rappelle les années d'absence de Katimavik, son retour discret... qui devrait l'être moins maintenant que le gouvernement fédéral a des surplus importants !

« Aujourd'hui, au Canada, on se parle le plus souvent à travers des mégaphones ! On se parle comme si on était des joueurs de Monopoly... Et, le plus souvent, nous parlons de ces choses qui nous divisent plutôt que des choses qui nous unissent. Nous avons toujours une petite population dispersée dans un immense pays, et, toujours, nous avons besoin de nous connaître les uns les autres, de vivre les uns chez les autres et de nous entraider. »

Le premier ministre nous parle des bénéfices de quelque 75 millions $ [6] laissés par Katimavik dans les milliers de projets de travail à travers le Canada :

« Vos jeunes viennent vivre dans les communautés, ils reçoivent à peine quelques dollars par jour, ils se donnent avec tout leur cœur pour améliorer la vie de communautés, loin de chez eux, quelque part dans ce pays. Y a-t-il une meilleure façon pour les Canadiens d'apprendre à se connaître ? Et, surtout, pour les jeunes Canadiens de découvrir leur pays ? »

En le remerciant, je rappelle ses prises de position courageuses de 1986, alors que le gouvernement fédéral de l'époque avait prononcé l'arrêt de mort de Katimavik. Député de l'Opposition, il avait déposé à la Chambre des

---

6. *Calculé selon le salaire moyen payé dans le secteur communautaire.*

pétitions signées par des milliers de Terre-Neuviens appuyant Katimavik et la grève de la faim.

Viennent ensuite les témoignages spontanés de plusieurs membres de l'assistance, tous reliés à Katimavik d'une façon ou d'une autre : anciens participants, agents de projet, coordonnateurs, familles d'accueil, membres du conseil, partenaires, etc. Il faudrait les citer tous, mais, par principe, privilégions les témoignages des anciens participants : Wendy Ross, pionnière de 1977, première année du programme, et Phil Smith, qui vient à peine de terminer le programme 1999-2000.

Selon Wendy, c'est grâce à Katimavik qu'elle a trouvé sa vocation d'archéologue :

« Les trois derniers mois de mon programme se déroulèrent à Dawson City, au Yukon. J'y ai découvert l'archéologie

Wendy Ross, archéologue terre-neuvienne, participante de 1977.

grâce au travail bénévole qu'on m'avait assigné. De retour à Terre-Neuve, je me suis inscrite à l'Université Memorial, où j'ai obtenu mon diplôme en archéologie. Maintenant, je travaille comme archéologue ici, à Saint-Jean. Mais je n'ai jamais cessé de m'intéresser à Katimavik et, cette année encore, j'étais présidente du Comité local, etc. »

À son tour, se lève un grand jeune homme au regard intense : Phil Smith de Summerside à Terre-Neuve. Il est tout frais émoulu, venant à peine de terminer le programme… 22 ans après Wendy ! Il commence par nous avouer qu'avant Katimavik, il était très timide et manquait sérieusement de confiance en lui : c'est à peine croyable quand on voit avec quelle aisance il rend témoignage devant les médias et un auditoire impressionnant, qui inclut le premier ministre de sa province :

« Katimavik a été la plus grande chose qui me soit jamais

Phil Smith de Summerside, Terre-Neuve, participant de l'an 2000.

arrivée. Au début, j'avais toutes sortes de problèmes personnels, dont un manque de confiance dans mes capacités : j'en sors une personne meilleure que je ne l'ai jamais été ! Je me suis fait des amis pour la vie : dans mon groupe, dans mes trois familles d'accueil, un peu partout le long de la route. Je téléphone à plusieurs d'entre eux chaque semaine. On parle pendant des heures... comme hier soir encore ! Katimavik ayant été la plus extraordinaire expérience de ma vie, je ne puis m'empêcher, depuis mon retour, de le recommander fortement à tous les jeunes de mon âge que je rencontre. J'appuie de tout mon cœur ceux qui réclament une augmentation des subventions... »

Au moins une dizaine de personnes se sont levées pour rendre des témoignages souvent très émouvants. Brian Tobin écoute tout cela avec un intérêt certes très réel puisque, à la fin, il ne résiste pas à l'envie de retourner au micro et de nous faire un autre petit discours, plus vibrant encore que le premier. Il a été vivement touché par les témoignages qu'il vient d'entendre et il le dit. Tout à coup, il avoue avoir écouté hier soir, pour la première fois, un épisode de la série » Survivor » :

« Voilà un groupe d'individus, réunis dans des circonstances qui relèvent du défi; ils doivent constituer une équipe, mais en même temps se concurrencer pour survivre, l'objectif du jeu étant qu'une seule personne gagne... après avoir éliminé toutes les autres !

« Alors, je me suis dit que cette situation était à l'image de notre société, qui s'en va à la dérive. Vous savez, nous avons vraiment perdu, pour une large part, un certain sens de l'équilibre, dans nos communautés. »

« Nous avons besoin de Katimavik pour nous rappeler l'esprit de la communauté. Nous avons besoin de nous rappeler ce que veut dire 's'aider les uns les autres'; ne pas être la dernière personne à rester debout, mais aider celles qui ont du mal à se lever et à être partie de la communauté. »

« Nous avons besoin de retourner aux valeurs communautaires, dont Katimavik est un exemple vivant. »

L'honorable Tobin termine en lançant un appel à ses collègues d'Ottawa, les invitant à redonner à Katimavik un budget qui lui permettrait d'offrir son programme non pas à 1 000, mais au moins à 5 000 jeunes Canadiens.

Comme il convenait, Edythe Goodridge a le dernier mot… Le voyage peut commencer !

Dans l'après-midi, comme promis, nous suivons Bob Stone, absolument ravi de nous montrer son île, Bell Island, où, au cours des trois dernières années, neuf groupes de Katimavik

Brian Tobin revient au micro une deuxième fois!

Edythe Goodridge a le dernier mot...

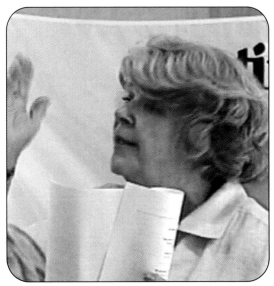

ont vécu des jours heureux et particulièrement productifs.

Les participants ont laissé leur marque dans le coin si l'on en juge par l'accueil chaleureux du capitaine du traversier. Il refuse tout net le prix du passage : « Au cours des trois dernières années, les participants de Katimavik ont traversé à l'œil, aussi souvent qu'ils le voulaient. Ils méritaient bien ça, compte tenu de tout le boulot qu'ils ont abattu dans l'île ! »

Président du Comité local de Katimavik, Bob Stone a servi de lien entre les participants et les quatorze partenaires de travail. Un homme simple, au cœur immense. Il a à peine 40 ans mais, à la suite d'un grave accident de travail, il a dû prendre une retraite prématurée... que son activité débordante en faveur de Katimavik a littéralement remplie et enchantée.

Bob est vraiment fier de nous avoir à dîner dans sa modeste maison, plantée au milieu de Bell Island. Pendant que mijote la soupe, il nous montre ses « albums de famille », remplis des photos de la centaine de participants qui sont venus vivre et travailler dans l'île depuis 1997. Il les connaît tous par leur nom, il décrit leur caractère, leurs tics même, comme s'il s'agissait de ses propres enfants.

« Tenez, voici Benoît, un gars du Québec. Participant formidable ! Il sera au Yukon, sa troisième rotation, quand vous y arriverez vous-mêmes. Ne manquez pas de le saluer de la part de Bob. »

Il nous parle aussi de William, un autre participant québécois qui lui a fait forte impression : « Un jour que nous marchions ensemble, il m'a dit tout à coup : 'Bob, marche un peu moins vite !' Mais pourquoi donc ?, lui demandai-je. 'Pour que tu aies le temps d'apprécier la grande beauté de Bell Island, ton île…'

Jusque là, il ne m'était même pas venu à l'idée que Bell Island puisse être belle. Je ne l'avais jamais bien regardée avant qu'un petit Québécois nommé William me dise de marcher moins vite. Depuis ce jour, je vois et j'apprécie les paysages de mon île. Sans Katimavik, cela ne serait sans doute jamais arrivé… »

Bob Stone, pilier de Katimavik à Bell Island, T.-N.

Pendant que Bob fricote dans sa cuisine, nous allons installer notre maison sur un promontoire, devant un somptueux paysage. Droit devant nous, un phare découpe son fier profil sur une mer et un ciel aussi bleus l'un que l'autre : comme William avait raison !

Le téléphone cellulaire ne dérougit pas : Alain nous donne ses instructions pour les prochains jours, une journaliste nous interviewe pour le *National Post,* un autre pour *CBC Newsworld,* des amis s'informent de notre santé, un peu inquiets, on se demande bien pourquoi.

Le 30 juin

Cette fois, Bob doit marcher plus vite que d'habitude, car il s'est promis de nous montrer *toutes* les institutions où les participants de Katimavik ont travaillé depuis trois ans.

Une ronde infernale qui passe par un vieux cimetière abandonné dont on a retrouvé les monuments, retranscrit les inscriptions, et une mine de fer, abandonnée elle aussi, puis restaurée pour devenir une attraction touristique. Ensuite l'école maternelle, le *Boys and Girls Club,* la bibliothèque, le *Food Bank,* une serre pour les handicapés, un sentier pédestre, le *High school,* autant de lieux où les participants ont travaillé très fort, comme en témoignent les responsables : « Ah ! Pourquoi ne pas nous envoyer vos garçons et vos filles cette année encore ? » Quoi leur répondre ?

En fin de soirée, retour à notre camping, près du port d'Argentia.

Chapitre 3

PREMIERS CONTACTS
AVEC L'ÉCOLE DE LA VIE
Nouvelle-Écosse, Île-du-Prince-Édouard, Nouveau-Brunswick

Le 1er juillet

Lever à 5 h 30. Traversée sans histoire sur le *M.V. Joseph and Clara Smallwood,* sauf que la brume nous enveloppe comme dans un moelleux édredon jusqu'à North Sydney, où nous arrivons à 22 h 30. Retour à notre vieux camping du Bras d'Or. On a ses petites habitudes !

Le 3 juillet

Roulons jusqu'à Bridgewater, en Nouvelle-Écosse, où nous attend Kell Antoft et sa femme, dans un beau chalet en rondins au bord d'un lac. Ancien professeur d'université, Kell est un pilier de Katimavik, membre du conseil d'administration l'année du Grand Dérangement. Quand Katimavik renaquit de ses cendres en 1994, il a aussitôt repris du service au conseil.

Comme il n'y a pas de groupe dans les alentours, nous nous contenterons de visiter un centre de loisir dans le parc Peace Time, où Katimavik s'était illustré dans les années 80. Le directeur, Carroll Randall, garde un vif souvenir de notre présence ici : « Vos participants ont accompli un travail énorme, dont la communauté profite depuis ce temps-là. »

Arrêt à Halifax. Plusieurs rencontres intéressantes, dont une avec Cynthia Martin, participante de l'an I, que je retrouve… après 22 ans ! Un des personnages de mon premier livre sur

Avec Kell Antoft, visite d'un chantier à Bridgewater, N.-É.

Katimavik, *Faites-leur bâtir une tour ensemble.* Elle a apporté son exemplaire de l'ouvrage, comme si j'avais pu oublier une personnalité aussi forte et aussi attachante !

Originaire de Toronto, Cynthia vit maintenant à Halifax, autre preuve que les anciens participants de Katimavik se sentent chez eux n'importe où au Canada.

Le 4 juillet

En route vers Amherst, où nous passons la soirée avec un groupe, à la toute fin de leur programme de sept mois. On bavarde jusqu'à minuit ou presque…

Le 5 juillet

Rendez-vous à l'hôtel de ville avec le maire d'Amherst, Jerry Hallee. Farouche partisan de Katimavik, il n'a pas à être convaincu. Il a invité les participants actuels et bon nombre d'anciens à cette rencontre, et il insiste pour que tout le monde signe le Livre d'or.

Un peu en retard sur l'horaire, nous devons mettre les bouchées doubles. Visite-éclair à un autre groupe expérimental Leader (16 à 19 ans), installé dans le plus beau décor du monde, à Tidnish, en Nouvelle-Écosse.

Cynthia Martin, vibrant chapitre de Faites-leur bâtir une tour ensemble.

Autre visite trop rapide aux participants du groupe Leader de Lockport… arrivés la veille ! Encore en plein décalage horaire ! On partage le petit déjeuner avant la réception organisée par le Comité local de Katimavik avec le maire et autres amis, venus même de la municipalité voisine, Shelburne, où Katimavik a une longue histoire.

À Tidnish, N.-É., dans un décor de rêve.

Le 5 juillet

Retour au Nouveau-Brunswick. À Memramcook, faisons la connaissance d'un groupe de dix participants qui s'est lui-même qualifié de « groupe de rêve ». Des gars et des filles pleins de santé, intelligents, curieux, d'excellente humeur, fiers d'avoir si bien réussi le programme qui s'achève.

Il nous arrive de rencontrer des groupes moins heureux, comme dans la vie il y a des familles moins harmonieuses que d'autres, mais celui d'aujourd'hui est exceptionnel. On se raconte nos histoires, on règle le sort du monde, on rigole aussi beaucoup. Jusqu'à minuit !

Le 6 juillet

À 10 h, réception offerte par la municipalité dans ce qu'on appelle ici le « Monument », ancienne salle « académique » du vieux collège Saint-Joseph. Souvenirs… Dans les années 50, au retour de quelque voyage en Afrique ou ailleurs, j'étais venu raconter mes « exploits » aux élèves du collège. Une vaste salle à l'acoustique si parfaite qu'on y parle sans micro à un auditoire de plusieurs centaines de personnes. Après y avoir donné un récital, Yehudi Menuhin déclara que, jusqu'à ce jour, il n'avait jamais pu tirer une telle sonorité de son stradivarius. Tellement enchanté, qu'il avait refusé son cachet !

Petit déjeuner avec le groupe de Lockport-Shelburne, N.-É.

À défaut de récital de violon, nous écoutons les nombreux discours des notables rassemblés : maire, députés, président de ceci et de cela, tous unanimes à vanter les mérites de Katimavik. Par pure modestie, nous ne citerons personne !

À Memramcook, N.-B., avec l'équipe de bureau de l'Atlantique.

Un autre beau moment de la journée : le déjeuner avec l'équipe du bureau régional de l'Atlantique, les « patrons » d'Anthony au cours des derniers mois : Rachel Robichaud, Roch Poirier, Jacinthe Dufour et Dominique Lebrun.

Difficile de décrire l'ambiance de ce genre de rencontre... Anthony mis à part, je connais à peine les autres. Et pourtant, j'ai la curieuse impression de les connaître depuis toujours, sans doute parce que nous partageons une même passion, certes un bon moyen de s'entendre. On discute très sérieusement, mais surtout on rigole. Pendant près de deux heures...

J'apprécie la chance que j'ai d'être si facilement accepté, autant à Katimavik qu'à Jeunesse Canada Monde, par tous ces jeunes gens dont je pourrais être le père sinon le grand-père. Ils sont certes plus rigolos que les gens de mon âge, surtout ceux qui acceptent d'être vieux, et ne parlent plus guère que de leur bienheureux triple pontage et des misères de leur prostate.

Le père d'Anthony, qui habite Riverview, juste en face de Moncton, nous invite à déjeuner. Il est ravi de constater que,

Anthony et Jacques devant leur van.
(Photo Jacinthe Dufour.)

malgré toutes nos différences, nous réussissons à nous entendre : « Vous ferez un beau voyage ! », conclut-il.

Bon plat de pâtes à la tomate et au basilic frais, « cultivé dans la maison même », le tout arrosé de vin rouge. Selon son admirable habitude, Anthony ne consomme jamais une goutte d'alcool s'il doit conduire notre chère van.

La mère d'Anthony n'ayant pu se joindre à nous puisqu'elle travaille dans un hôpital de Moncton, nous allons l'y retrouver et la distraire le temps d'un café.

Me voilà donc au mieux avec la famille Loring, ce qui m'aidera peut-être à comprendre le fils, toujours un peu sur ses gardes.

Prochaine étape, Abram Village, petite communauté acadienne de l'Île-du-Prince-Édouard, où la maison de Katimavik abrite des participants, disons moins heureux que ceux de Memremcook. Il y a même de la morosité dans l'air. (Ce que nous ne constaterons nulle part ailleurs au cours de ce voyage.)

Le groupe d'Abram Village, disons moins heureux...

Je m'assois au milieu du groupe, dans la salle commune : « Alors, racontez-moi vos misères ! »

Les participants ne se font pas prier. Ici, c'est la faute de tel agent de projet incompétent, là d'un directeur régional qui, interprétant les règles de conduite à sa manière, menace de renvoi quatre participants qui, furieux, décident de quitter le programme sur-le-champ, laissant les autres en plein désarroi, etc.

Ne connaissant pas tous les faits, j'écoute et me garde bien de prendre parti. Mais, cette fois, je ne puis m'empêcher de penser que Katimavik a peut-être des torts, qu'il faudra faire enquête, empêcher qu'une telle situation ne se reproduise.

Le 7 juillet

Pendant que je m'entretiens avec nos partenaires et la presse locale, Anthony continue la discussion avec les participants. Son instinct d'agent de projet prenant le dessus, il les interpelle sans ménagement : « *Snap out of it !* Cessez de vous prendre en pitié ! Vous avouez aimer Stéphanie, votre agent de projet actuel. Alors, cessez de lui rendre la vie misérable, et la vôtre par la même occasion. Vous habitez une bonne maison, le temps est superbe, la mer est belle, votre projet de travail est intéressant, et il vous reste presque deux mois d'été pour sauver votre programme... »

Agressive, une petite Québécoise engueule Anthony :

« Tu n'as pas le droit de nous parler comme ça ! Tu ne nous connais même pas !

— Justement, je vous écoute, j'essaye de vous connaître...

— Tu ne me connais pas ! », crie la participante rageuse.

Anthony l'invite alors à faire une promenade dans le parc, pour discuter en paix. Je ne sais ce qu'ils se sont raconté, mais au moment du départ, la participante a regardé Anthony droit dans les yeux et lui a dit un seul mot : « Merci ! »

Après nous avoir accueillis plutôt froidement hier soir, voilà que le groupe se presse maintenant autour de nous. Les par-

Avec le groupe d'Abram Village, plus souriant...

ticipants insistent pour qu'on les raccompagne à la maison, où ils sortent leurs appareils pour les photos de groupe. Le petit oiseau ! Tout le monde sourit. Enfin !

Ma foi, nous quittons Abram Village plutôt contents de nous !

Retour en Nouvelle-Écosse par l'interminable pont qui maintenant relie l'Île-du-Prince-Édouard au continent. Je suis l'un de ces nostalgiques, ennemis du progrès, qui regrettent l'ancien traversier.

Un jour, alors que j'avais à peine 16 ans, il m'avait emmené dans cette île du bout du monde pour y apprendre l'anglais.

Au cours des deux années scolaires passées dans l'île, en plus d'apprendre l'anglais, j'avais fait cette découverte énorme : en dehors du Québec, on trouve des gens qui nous ressemblent comme des frères, même s'ils parlent une autre langue et participent à une autre culture. Cette révélation a eu sur ma vie une influence majeure et, au jeune journaliste qui me demandait tout à l'heure pourquoi, comment et où l'idée de Katimavik m'était venue, j'ai pu répondre, sans beaucoup exagérer : « C'est arrivé ici même, dans votre île, au petit collège Saint Dunstan's de Charlottetown. J'avais 16 ans, etc. »

Achetons des fraises au bord de la route, les premières de la saison, de pures merveilles. Nous les savourons au bord de la Rivière Bleue, encore sous le choc de la difficile journée à Abram Village…

Chapitre 4

D'UN PRESBYTÈRE, L'AUTRE

Québec

Le 8 juillet

Retour au Québec et arrivée à Pohénégamook, dont le nom m'a toujours fasciné... et que j'ai encore du mal à épeler sans faute ! Village spectaculaire dont les maisons blanches se déroulent autour du lac comme un jeu de dominos.

Déjà, nous savons que celle de Katimavik est vide : nous arrivons au moment même où les participants quittent le groupe pour aller vivre deux semaines, individuellement, dans ce qu'on appelle les « familles d'accueil ». Méthode éprouvée pour aider les participants à s'intégrer dans la communauté, à mieux comprendre la culture locale, et, pour certains, à s'immerger dans « l'autre langue ».

La maison Katimavik à Pohénégamook.

Verrons les participants demain matin, en compagnie de leurs familles d'accueil, à l'occasion d'un *brunch* au Centre de plein air. Campons au bord du lac, à côté de leur grande maison vide.

Le 9 juillet

Le Centre de plein air est un des projets de travail où les participants ont vécu et trimé des centaines d'heures. Ce *brunch* est pour eux une sorte de fête. Chacun vient nous présenter sa « mère », son « père », ses « frères » ou ses « sœurs ». On sent déjà une belle complicité entre les uns et les autres.

Liam Pierce de Prince George, C.-B., se sent chez lui en Gaspésie.

Anthony attrape un participant au hasard et l'interviewe sur vidéo : Liam Pierce, garçon de Prince George, en Colombie-Britannique, à l'autre bout du pays. Il prend au sérieux l'apprentissage du français et répond aux questions indifféremment dans une langue ou dans l'autre. Il investira dans un séjour d'immersion française, à Chicoutimi, la bourse de 1 000 $ remise par Katimavik aux participants qui complètent le programme.

Le soir, avant de se coucher, Anthony et moi regardons sur le petit écran de l'appareil vidéo les prises de vue de la journée. Voici quelques réflexions de Liam Pierce :

« Katimavik m'a aidé à changer, à grandir. Maintenant, j'ai moins peur quand j'ai à m'exprimer devant un groupe… Dans ce programme, on n'a pas le choix : il faut sans cesse faire face aux autres, discuter, s'engueuler, s'entendre… Ce que j'ai appris de plus important ? Comment accepter mon entourage… Accepter les choses telles qu'elles sont, s'en accommoder et changer avec elles… »

Ce qu'il pense de son pays ? « Je trouve merveilleux d'être un Canadien. Je crois que nous sommes un beau peuple, un beau pays… Accueillant… N'importe qui peut venir habiter ici… Par exemple, dans ma ville de Prince George, nos quelque 90 000 habitants proviennent de différentes cultures et, dans l'ensemble, il n'y a pas de discrimination… Pour moi, c'est merveilleux ! J'aime les gens, et je crois que le Canada est un bon pays, dont l'idéal est d'accueillir tout le monde sans discrimination. Pour cette raison, notre pays pourrait vraiment être un modèle pour le monde… »

Et dire que des amis ne comprennent pas pourquoi nous n'avons aucun besoin d'une télé à bord…

Prochain arrêt : Rivière-Ouelle. Anthony découvre les âpres beautés du bas du fleuve. Pique-nique au bord de la mer, comme on dit ici, embaumé par l'air salin et les puissants effluves du varech.

Traversons Saint-Pascal, où j'ai vécu quatre années de mon enfance, chez ma grand-mère, entre 8 et 12 ans. Mille souvenirs, dont celui d'un premier amour, évidemment malheureux !

Ici encore, les participants sont dispersés dans leurs familles d'accueil. Nous rendons visite à l'une d'elles qui exploite une ferme laitière. Depuis deux ans, trois fois par année, Bérangère Goulet et Gilles Martin accueillent un participant pendant deux semaines. Celui qu'ils hébergent en ce

Près de Rivière-Ouelle, QC, Anthony découvre les splendeurs du Bas du fleuve.

moment (le sixième) est un grand Jeff, venu de l'Ontario. Il fait de nobles efforts pour parler français avec ses hôtes et avec nous.

Dîner en compagnie de l'agent de projet et de Roger Richard, maire de Rivière-Ouelle. En ce moment, il accueille chez lui Hina Zaidi, participante montréalaise d'origine pakistanaise. Inconditionnel de Katimavik, le maire apportera le Livre d'or de la municipalité à la fête extraordinaire de ce soir, avec les familles d'accueil et leurs participants, à la maison Katimavik : « Il me faut la signature de tout le monde ! »

Vers 19 h, nous sommes bien une trentaine de personnes réunies dans la cuisine-salle à manger. L'immense table est recouverte de friandises préparées par les participants… et la femme du maire ! On se raconte des anecdotes, on discute, on rit.

« Vraiment, on dirait un *party* de Noël ! », dit le maire, faisant allusion à l'ambiance familiale qui fait vibrer cette belle maison du vieux Rivière-Ouelle.

Je félicite Hina de ses pâtisseries et j'insiste sur la qualité du pain, souvent bon et toujours différent d'une maison Katimavik à l'autre. L'agent de projet, Claudette Hudon, y va d'une anecdote appropriée : « L'autre jour, j'ai dit à Jeff et à Patrick que c'était à leur tour de faire le pain. Ils protestèrent vigoureusement en avouant – quelle horreur ! – qu'ils n'en avaient encore jamais fait. J'insiste. Le soir, Jeff et Patrick me montrent leur pain, encore dans la casserole. Superbe ! Un des meilleurs que nous ayons mangé, ce qui m'incite à croire qu'ils n'en étaient pas à leur première expérience. »

Assis à mes côtés, Jeff a un sourire malicieux et me chuchote à l'oreille : *« I just have to tell you something... »* Comme

Avec Hina Zaidi chez le maire de Rivière-Ouelle, Roger Richard.

Patrick et lui ne savaient pas vraiment comment faire du pain et n'avaient aucune envie d'apprendre ce jour-là, ils étaient allés en acheter un au supermarché. « Avec notre argent ! », précise-t-il. « Nous l'avons placé dans une casserole et l'avons ainsi présenté à l'agent de projet, absolument enchantée. Les autres participants n'y ont vu que du feu ! »

On se marre un bon moment tous les deux. Puis, je suggère à Jeff d'avouer sa supercherie à l'assistance, pour qu'on ne

Coucher de soleil à Rivière-Ouelle, derrière la maison de Katimavik.

soit pas les seuls à s'amuser. Sans trop hésiter, le grand Jeff se lève, prend un air faussement contrit et avoue la vérité, ce qui déclenche un éclat de rire général.

Le 10 juillet

Visite du terrain de camping municipal de Rivière-Ouelle, projet de travail d'une participante de la Saskatchewan. Elle me fait visiter les lieux, mais s'arrête tout à coup pour dire :

« Parfois, les participants se plaignent de la grande rigueur des règles de Katimavik concernant la drogue, l'alcool et le sexe. Moi pas. Avant d'arriver à Katimavik, j'avais un sérieux problème de drogue. Je sais qu'à la moindre infraction, sans l'ombre d'un avertissement, on me renverrait chez moi. Je tenais trop au programme pour prendre pareil risque. Maintenant, j'en ai fini avec la drogue. »

De son côté, Anthony interviewe Jeffrey Mintz, le grand Jeff de Phelpston, Ontario :

« J'avais lu les brochures avant le départ : on n'y trouve pas grand-chose... En arrivant dans le programme, j'ai vite compris que, pour survivre, il fallait établir de bonnes relations avec les autres. Sans cela, rien ne va plus. Par exemple, si vous ne respectez pas les personnes de votre groupe, vous seriez mieux d'être ailleurs. De toute manière, tout manque de respect entraîne le renvoi. Moi-même, au tout début, j'ai reçu un avertissement final de l'agent de projet. Ce qui veut dire qu'à la prochaine infraction à la règle du respect, on me renvoyait chez moi, en Ontario. »

Jeff prend un air grave : « C'est alors qu'il fallait me poser la question : est-ce que je veux vivre Katimavik, oui ou non? La réponse a été oui, parce que je savais que j'avais besoin de ce programme. Dans un monde aussi vaste, peuplé de tant de gens différents, avec des cultures distinctes, il est essentiel de s'adapter et de voir les choses comme l'autre les voit... J'ai manqué de respect à mon groupe en refusant tout simplement de faire ma part des tâches. Et pourtant, les gars et les filles avec qui je vis sont tous merveilleux, super. J'ai fini par comprendre que le problème, dans le groupe, c'était moi. Alors, j'ai changé. Maintenant, les autres participants se disent tous très fiers de moi… Oui, moi aussi, je suis fier de moi ! Et fier de faire ce programme, beaucoup plus intense que je ne l'imaginais. Je ne savais pas qu'on travaillerait autant, même pendant les week-ends… Au début, je me sentais un peu comme un esclave exploité ! Puis, j'ai compris que j'apprenais comment travailler et, surtout, comment travailler avec d'autres personnes… Dans le groupe et dans la communauté… Vous rencontrez des tas de gens… Le travail, c'est la vie ! »

Jeff reconnaît qu'il n'est plus le même :

« Je voulais changer, devenir vraiment moi-même, acquérir de la maturité, voir le Canada, découvrir un autre aspect du monde… Vous restez passablement ignorant si vous grandissez dans la même petite ville, sans jamais en sortir… sauf peut-être à l'occasion de vacances en Floride avec la famille !

Jeffrey Mintz de Phelpston, Ont. : « Maintenant, je suis fier de moi! ».

Et vous aurez fréquenté l'école toute votre vie, sans jamais aller ailleurs, voir quelque chose d'autre... Katimavik vous élargit vraiment l'esprit. Et ensuite, vous prenez votre vie en mains ! »

Jeff était un décrocheur convaincu, mais tout le monde autour de lui ne cesse de lui dire de retourner à l'école :

« Tu n'iras nulle part sans école ! Bon. Après Katimavik, je pense bien que je vais regarder dans cette direction... », conclut Jeff, l'air rêveur.

En route pour Saint-Onésime, dans l'arrière-pays. Petit village où je n'avais encore jamais mis les pieds. Scénario connu : grande fête avec les dix participants et les dix familles d'accueil, réunis dans l'immense maison Katimavik, ancien presbytère maintenant abandonné. Le maire Jacques Dionne se joindra à nous avec sa femme, Brigitte Pelletier, ancienne participante de 1984 !

Soirée pleine de rires, qui ressemble comme à une sœur à celle d'hier. Encore une fois, nous avons le sentiment très vif d'appartenir à une immense famille élargie.

Un cultivateur, au visage cuivré par le soleil et l'air des champs, devient tout à coup sérieux et se lance dans une incroyable tirade :

« Il est complètement fou d'installer des enfants entre les quatre murs d'une salle de classe depuis la maternelle jusqu'à l'université ! Ils n'ont aucun contact avec la vraie vie, ils ne savent pas ce qui se passe ailleurs et, dès l'âge de 16 ou 17 ans, on leur demande de faire des choix et de prendre des décisions qui vont les coincer dans un type de carrière ou dans un autre jusqu'à leur mort. Il faudrait carrément remplacer une année du secondaire par une année à Katimavik. Pour tout le monde ! Obligatoire ! Ça, ça changerait notre société en *tabarouette* ! »

Je crois rêver, car j'ai répété à peu près ce discours des centaines de fois depuis la fondation de Katimavik. Avec la différence que je m'oppose à toute idée d'un programme obligatoire.

Selon des recherches faites aux États-Unis par l'Institut Gallup et transposées à l'échelle du Canada, on pourrait espérer que 50 000 jeunes Canadiens choisissent *volontairement* Katimavik chaque année. Un pareil chiffre forcerait sans doute les ministères de l'Éducation de compter cette année comme année scolaire.

L'ami de Saint-Onésime a bien raison : notre société changerait alors en profondeur... et en *tabarouette* !

Anthony interviewe Gabrielle Laroche, une jeune Québécoise de Papineauville. Comme il le fait toujours, il alterne les questions en français et en anglais, pour vérifier les connaissances linguistiques des participants.

Quelques extraits des propos de Gabrielle : « Je ne sais pas trop comment expliquer, mais le groupe, c'est pour moi une deuxième famille. J'y ai beaucoup appris sur moi-même, ce qui m'a aidée à changer... Une des meilleures expériences de ma vie ! »

Anthony passe à l'anglais, ce qui ne gène en rien Gabrielle : « *My English goes very well, I think... I learned a lot in Katimavik. Certainly more than in school !... I really love my hometown, Papineauville. Oh ! it's really small ! Really, really small. But I love my town, I love my family, I love my friends...*

But, I was thinking to go somewhere else, to learn new things, and see new stuff, see other trees, other towns, other persons, other cultures… And that's what I did with Katimavik and it's great ! I love it !… »

Gabrielle Laroche de Papineauville, QC : « Le groupe, c'est ma deuxième famille! »

Longue conversation avec Kevin Lutzac de Riverview, au Nouveau-Brunswick, « la seule province bilingue du Canada », précise-t-il. D'ailleurs, une des raisons qui l'a fait se joindre à Katimavik, c'est de perfectionner son français :

« Après le *high school,* je ne savais vraiment pas quoi faire de moi… Je voulais certes découvrir d'autres parties du pays, rencontrer des gens tout à fait différents, apprendre le français et de nouvelles techniques de travail… Katimavik est là pour ça… Dans les maisons Katimavik, on a accès à l'internet, mais il n'y a pas de télé. Alors, au lieu de perdre

Kevin Lutzac de Riverview, N.-B. : « Après le high school, *je ne savais pas où aller… ».*

des heures à la regarder, comme tout le monde, nous employons notre temps à des choses plus productives, nous lisons, nous écrivons, nous apprenons énormément en parlant entre nous, en organisant des activités de groupe le soir. »

Le 11 juillet

Évitons la trop belle route 20 en faveur de la 132, sinueuse, folle, romantique, qui permettra à Anthony de découvrir les plus beaux villages du Bas Saint-Laurent. Déjeunons de pâtes Alfredo à Montmagny, devant la « mer » qu'enjolivent encore les noires silhouettes de l'île aux Grues et de Grosse-Île.

Quittons le fleuve pour nous enfoncer à nouveau dans l'arrière-pays vallonné, à la recherche d'un village minuscule, Saint-Margloire, où s'est réfugié l'un de nos programmes expérimentaux Leader (16 à 19 ans).

Dîner avec le groupe. Encore des pâtes, mais Anthony et moi devons convenir que le spaghetti des participants l'emporte haut la main sur notre Alfredo en enveloppe d'à midi. Un jeune francophone d'Ottawa, Olivier Jarvis, nous accapare :

« Nous sommes ensemble depuis à peine deux semaines, dit-il, mais nous avons l'impression de nous connaître depuis toujours. Je suis sûr que nous serons des amis pour la vie. » Les autres acquiescent sans hésitation...

Au café, le maire de Saint-Margloire et trois conseillers municipaux se joignent à nous. Ils adorent Katimavik, mais souhaiteraient accueillir un programme normal de sept mois (ou plus !) plutôt qu'un programme de six semaines.

Il devrait y avoir un chantier de Katimavik dans les alentours...

Le 12 juillet

Petit déjeuner avec les participants. Olivier déclare que, dès son retour à Ottawa, il s'engagera à fond dans la promotion de Katimavik, écrira des lettres aux députés, fera signer des pétitions, etc. Il se destine à la politique. Bravo ! Le jour où la majorité des députés seront d'anciens participants, on aura moins de problèmes budgétaires !

En attendant, il faut reprendre notre bâton de pèlerin, continuer notre démarche auprès du plus grand nombre possible de Canadiens, au besoin les convaincre un à un des vertus de Katimavik !

Première vraie journée d'été. Vent chaud, ciel intensément bleu sur lequel se déroulent les voluptueux vallons du bassin du Saint-Laurent.

Montréal avant midi. Je laisse Anthony à son domicile, car, tout Néo-Brunswickois qu'il se proclame, il est Montréalais d'adoption depuis huit ans. Il a des affaires à régler, notamment au sujet du vidéo, et mérite bien quelques jours de repos.

Depuis le départ, nous nous levons entre 6 h et 7 h le matin, et souvent Anthony pioche sur l'ordinateur jusqu'à minuit. Jour après jour, il est au volant. Je l'ai remplacé quelquefois quand il en a exprimé le désir et, surtout, pour qu'il ne puisse se vanter un jour d'avoir conduit pendant *tout* le voyage !

Reconnaissons qu'Anthony est excellent chauffeur, capable de rouler 700 kilomètres et plus par jour sans fatigue apparente. Il semble adorer ça et, sans doute, se croit-il moins en sécurité lorsque je le remplace au volant... Il a bien raison !

Avec plaisir, je retrouve Alain, coordonnateur du voyage, qui relèvera Anthony au cours des prochains jours. Dès 4 h, nous nous mettons en route pour aller prendre contact rapidement (trop !) avec un groupe expérimental LeaderPlus (22 à 26 ans), installé à East Hereford dans les Cantons de l'Est. Les participants sont en plein travail : ils préparent une gigantesque salade de fruits pour le grand pique-nique prévu pour demain, avec les autres participants du coin, au parc des Gorges de Coaticook. Salut ! À demain !

Le 13 juillet

Katimavik est intimement lié à l'histoire de ce parc, un des plus beaux de la région. C'est pourquoi on ne s'étonne pas de la présence à la fête des trois maires des alentours (Coaticook, East Hereford et Saint-Herménégilde). Trois enthousiastes, parfaitement conscients que, sans Katimavik, ce parc n'existerait peut-être pas.

Parmi nos invités, il en est un qui en connaît long sur le sujet : Claude Raîche, vieux pionnier et membre du conseil d'administration de Katimavik. Il rappelle aux trois maires que le premier groupe de Katimavik s'était installé ici même en 1977, alors que les Gorges de Coaticook étaient toujours en friche. Quand le maire de l'époque avait objecté qu'il ne pouvait trouver de travail utile à proposer aux participants, Claude Raîche, alors directeur régional du Québec, lui avait répondu : « Pourquoi ne pas développer les Gorges de Coaticook et les transformer en attraction touristique ? C'est au moins aussi spectaculaire qu'Ausable Chasm !... »

Aux Gorges de Coaticook, QC, avec les trois maires de la région et Claude Raîche (en retrait). Photo Alain Choinière

Encore un peu sceptique, le maire avait tout de même permis aux participants de percer un premier sentier pédestre permettant aux promeneurs de se rendre jusqu'aux gorges. Au cours des années, d'autres groupes ont contribué à l'aménagement d'un des parcs les plus spectaculaires des Cantons de l'Est.

Vingt-trois ans après le premier, un nouveau groupe de Katimavik continue à embellir les jardins, où une quarantaine d'invités feront honneur à la salade de fruits venue d'East Hereford et au reste du pique-nique.

Pour ma part, je n'ai le temps ni de manger ni de causer avec nos invités : sans interruption, pendant plus d'une heure, je donne des entrevues : télévision, radio, quotidiens, hebdos… Dans le coin, on entendra parler de l'École de la vie !

Sur le chemin du retour, nous allons saluer le sénateur Léonce Mercier qui n'a cessé d'appuyer Katimavik avec une détermination à toute épreuve. On parle politique, on spécule sur la probabilité d'élections générales et on rigole ferme pendant un bon moment, le sénateur étant le plus drôle des conteurs.

Le 17 juillet

Toujours avec Alain, nouvelle visite-éclair au groupe installé dans un autre parc enchanteur, près de Sainte-Scholastique. Le temps de partager un ragoût de lentilles au cari et quelques propos définitifs sur l'avenir du monde.

À Sainte-Scholastique, QC, on règle le sort du monde… (Photo Alain Choinière)

Le 18 juillet

À Montréal, je retrouve Anthony reposé et ragaillardi. Il nous reste à peine deux mois de route...

Prochaine escale : Sainte-Marthe, minuscule village où habite un groupe qui travaille dans les environs. Comme convenu, nous arrivons à 19 h devant la maison Katimavik, absolument déserte : encore un ancien presbytère, énorme, autrefois bourdonnant d'activité (trois garages !), mais qui n'a plus de curé depuis belle lurette.

Sur la porte, un mot de bienvenue nous prévient que le groupe sera peut-être quelques minutes en retard, retenu à l'extérieur de Sainte-Marthe, en raison d'un « atelier sur les moyens d'affronter le marché du travail ». Du sérieux, quoi !

Apprendrons plus tard que nous étions attendus à 9 heures le soir et non à 19 heures... En avance de dix minutes, les participants arrivent à 18 h 50...

Dans une des immenses salles de séjour du presbytère, nous nous racontons nos histoires, tout en dégustant un formidable dessert glacé préparé par Bushan Crossman, un grand maigre de Victoria, de corvée à la cuisine cette semaine. Lui aussi veut faire de la politique un jour : il s'imagine que je suis en plein l'homme pour lui donner des conseils pertinents... Touchante candeur de la jeunesse !

Le 19 juillet

À 7 h 30, petit déjeuner très spécial préparé en notre honneur par Bushan et Lisa : crêpes au sirop d'érable (vrai), compote de rhubarbe (cueillie dans les jardins du pres-

Petit déjeuner avec les participants de Sainte-Marthe.

bytère). Je me régale d'une tranche de pain de blé entier pétri hier par Bushan : si la politique ne lui réussit pas, une belle carrière l'attend dans la boulangerie !

Chapitre 5

DU CÔTÉ DE CHEZ BETHUNE
Ontario

Le 19 juillet

8 h 30. Devant nous, la longue route vers Hamilton, où nous arrivons un peu avant 18 h. Trois groupes à rencontrer. On a eu la bonne idée de les rassembler autour d'un grand feu de bois. Sorte de pique-nique qui se termine inévitablement avec les guimauves piquées au bout de fines branchettes...

L'heure du lunch, en route vers Hamilton, Ont.

et qu'on laisse calciner au milieu des flammes ! On avale ensuite les noires boursouflures... en évoquant le cancer qui guette les consommateurs de carbone !

Entre deux guimauves, Paul Griffith de Terre-Neuve s'exclame tout à coup : « *Katimavik is the best thing that ever happened in my life so far !* »

Le 20 juillet

Daniel Shipp, le coordonnateur, nous entraîne dans une folle sarabande : il veut nous montrer tous les projets de travail des participants, particulièrement dans la *Dundas Valley Conservation Area,* un beau coin de forêt dite « carolinienne » parce qu'on y retrouve une végétation caractéristique de la Caroline, pourtant beaucoup plus au sud.

Longue promenade avec John Bryden, ancien collègue du parlement et député de la région. Grand ami de Katimavik, il se sent tout à fait à l'aise avec les participants : il les invite à une randonnée dans ces lieux historiques dont il connaît tous les secrets.

Super pique-nique au Merrick Field Centre, près de Hamilton.

Vers le coin de forêt où travaille un des groupes de Hamilton.

Rencontre d'un groupe dont la tâche consiste à aider les moniteurs du YMCA auprès d'enfants de 6 à 10 ans, venus passer la journée dans le parc. Cameron, un de nos participants handicapés, se débrouille dans son fauteuil roulant : les enfants l'adorent !

Au milieu d'une forêt épaisse où nous conduit un étroit chemin de terre, d'autres participants collaborent à un projet plus spectaculaire avec le *Children's Rehabilitation Development Program of Hamilton.* Il s'agit d'aider des handicapés se déplaçant en fauteuil roulant à grimper très haut dans les arbres au moyen d'un jeu de câbles et de poulies.

En jouant à Tarzan, ces jeunes apprennent à maîtriser leur peur et à acquérir une plus grande confiance en eux.

Le soir, feu de camp avec les Amis de Katimavik des environs. On a amené les bébés, les grands-mères, les chiens.

Les plus prudents apportent des chaises pliantes car les participants ont annoncé un spectacle, du genre qui dure toujours plus longtemps que prévu.

Les participants aident des handicapés à vaincre leur peur.

Divisés en cinq groupes correspondant aux cinq régions du pays, les participants vantent à outrance les mérites de leur région avec chansons, sketches et improvisations... devant un auditoire gagné d'avance !

Chaque équipe a pour mission de convaincre les quatre autres que sa région est la meilleure du pays. Les jeunes Ontariens ébahis apprennent avec une profonde consternation que « les chutes Montmorency, près de Québec, sont plus hautes que les chutes Niagara » (ce que j'ignorais jusqu'à ce jour !) et que « le Québec a donné au monde Céline Dion et la poutine » (je savais...).

Le 21 juillet

Après quatre heures de route, la maison Katimavik de Gravenhurst. Vide, comme on nous avait prévenus : les participants sont dans les familles d'accueil, dispersés aux quatre coins de la ville.

On a organisé un pique-nique dans la cour qui, bientôt, se remplit de participants, familles d'accueil, partenaires et autres amis, le maire de la ville en tête. Il m'annonce – comme tous les maires rencontrés jusqu'ici – que son conseil municipal votera une résolution vantant les mérites de Katimavik et recommandant son expansion rapide. Il enverra des copies au ministère du Patrimoine et à la Fédération canadienne des municipalités.

Parmi les partenaires présents, une représentante de la maison, maintenant monument historique, où est né le Dr Norman Bethune, héros canadien longtemps méconnu, et

On abandonne la chaise roulante pour jouer à Tarzan à Creiff Hills.

Avec la presse locale à Gravenhurst, Ont.

controversé jusqu'à ce jour. Cette modeste maison est devenue une attraction majeure pour les touristes, en particulier
les Chinois : ils vouent un véritable culte à ce médecin canadien qui a usé sa santé et qui est mort en soignant les soldats de Mao Zedong, pendant la Longue Marche.

En 1960, au cours d'un voyage en Chine avec quelques cama-
rades, j'avais découvert que Bethune était un héros de première grandeur pour bientôt un milliard de Chinois. À
l'itinéraire suggéré par notre petit groupe, nos hôtes avaient
cru indispensable d'ajouter un important détour à seule fin
de nous montrer l'endroit où est mort et où repose le grand
Bethune.

Alison Frie, participante de Medecine Hat, en Alberta, travaille justement à la maison Bethune et au petit musée
attenant : elle se fait un plaisir de nous y accompagner.

On a reconstitué le décor de l'époque de façon on ne peut plus authentique. Et réaliste au point de mettre de la laitue fraîche dans le bol à salade ! Du côté musée, on décrit les grands moments de la vie de Bethune, et aussi les aspects moins connus de son activité prodigieuse. Tout le monde sait qu'il a fait la guerre d'Espagne aux côtés des Républicains, et la Longue Marche dans l'entourage immédiat de Mao. On connaît moins ses talents d'inventeur, qui nous ont valu des instruments chirurgicaux si bien pensés qu'on les utilise encore.

Remarquable humaniste, chirurgien infatigable, poète, peintre et passionné défenseur – bien avant le temps ! – de l'assurance-santé. Sur les murs, on peut lire quelques-uns de ses cinglants raccourcis :

Geneviève Buron de Trois-Rivières, QC, participante du groupe de Gravenhurst.

« *There is no such thing as private health – all health is public.* »

« *There is a rich man's tuberculosis and a poor man's tuberculosis. The rich man recovers and the poor man dies.* »

Nuit à Gravenhurst à côté de la maison Katimavik, évidemment inoccupée. On se permet d'y brancher notre fil électrique et notre boyau d'alimentation en eau potable.

Le 22 juillet

À Parry Sound et à Huntsville, les maisons Katimavik sont également désertées. Nous aurons donc l'occasion de rencontrer les familles d'accueil, leurs participants et les amis lors d'un pique-nique ou d'une réception.

Anthony, toujours l'appareil vidéo vissé au poing, interviewe plusieurs participants dont Caroline Dufour de Val d'Or, au Québec, qui nous parle de la vie en groupe et de ses difficultés.

Selon elle, la clé c'est de comprendre les gens autour de soi, d'être à l'écoute des autres, d'avoir une attitude positive... « Accepter que les gens qui t'entourent soient différents, être toujours prêt à changer tes idées afin de pouvoir communiquer... »

Caroline a vraiment découvert le Canada : « Je crois que je ne connaissais pas vraiment mon pays... Je viens du Québec... Je ne parlais que le français... Mais quand on a franchi la barrière de la langue, on se rend compte qu'on est tous semblables... On se ressemble tous... Il est important de s'ouvrir aux autres, d'apprendre des autres, des

Caroline Dufour de Val d'Or, QC, rencontrée à Parry Sound, Ont.

Canadiens anglais, par exemple… Le Canada, c'est un merveilleux pays ! »

Caroline veut-elle changer des choses dans le monde ? Elle croit qu'il faudrait adopter une nouvelle attitude face à l'environnement, et que les gens devraient penser avec leur cœur, oublier l'argent : « Il faut savoir donner son cœur, s'ouvrir aux autres et leur apporter quelque chose de neuf… »

Tout un programme, chère Caroline !

Le 23 juillet

À South River et à North Bay, même scénario : nous sommes toujours pendant la période où les participants vivent deux semaines dans leur famille d'accueil.

Réceptions, amis, maires, notables, presse locale. On ne

Jonathan Duclos de Val-Bélair, QC : « J'ai appris à respecter absolument tout! »

s'embête pas, même si les événements se ressemblent d'une journée à l'autre. Ce qui n'est jamais pareil : les participants, leurs réactions, leurs découvertes, leurs émotions, comme en font foi ces extraits d'une entrevue de Jonathan Duclos de Val-Bélair, au Québec.

« J'ai pris contact avec différentes cultures du Canada. Par exemple, à l'Île-du-Prince-Édouard, on a travaillé avec des Acadiens francophones… Puis à Okotoks, en Alberta, chez les cowboys… »

Pour Jonathan, le plus grand problème dans le monde, c'est la guerre, souvent causée par l'intolérance religieuse : « Ce qui manque, c'est le respect des autres… Or, c'est une chose qu'on apprend à Katimavik : tu respectes l'agent de projet, les participants, la maison, ta chambre, la nature… Tu apprends à respecter absolument tout ! »

Avant Katimavik, comme bien des jeunes de son âge, Jonathan ne savait pas ce qu'il voulait faire plus tard dans la vie. Par on ne sait quel mystérieux cheminement, il vient de découvrir sa vocation : il sera luthier. « Ah ! réparer les violons, les guitares… »

Pour gagner du temps, nous irons camper à Sturgeon Falls,

à côté de la maison Katimavik, inoccupée elle aussi. Nous y serons à l'aise pour utiliser la machine à laver, la sécheuse, les douches et l'ordinateur qui permet à Anthony d'envoyer de nos nouvelles aux quatre coins du pays, sous forme de photos commentées.

Le 24 juillet

En compagnie du maire de la ville, visite d'un projet de travail de Katimavik : le parc et le musée *Sturgeon River House*. Le maire Garry O'Connor m'annonce qu'il fera un appel en faveur de Katimavik à une réunion de 300 délégués des communautés franco-ontariennes, qui se tiendra dans deux jours à la Rivière-des-Français. En attendant, il faut un remarquable discours devant les participants et les notables assemblés. On grignote, on grignote...

Visite du projet de travail avec le maire de Sturgeon Falls, Ont.

Anthony interviewe une magnifique participante, Kelly Julseth de Terrace, en Colombie-Britannique. Nous l'écoutons et la regardons sur l'écran de l'appareil vidéo, notre

Kelly Julseth de Terrace, C.-B. : « Il faut avoir l'esprit ouvert... ».

petite télé 2" sur 3"... Kelly a un sourire capable de charmer un grizzly. C'est pour cela, sans doute, qu'on l'avait nommée responsable de l'organisation des trois rencontres de South River, North Bay et Sturgeon Falls.

Kelly a beaucoup à dire, mais ce qui frappe c'est son émerveillement devant le Canada, la diversité de la nature et de la culture de chaque province : « Grâce à Katimavik, je suis devenue beaucoup plus patriote que je ne l'avais jamais été... avant de sortir de la Colombie-Britannique ! »

Il est tard, on a envie d'aller dormir, mais on ne résiste pas à la tentation de regarder deux autres entrevues.

On rigole avec le groupe de North Bay.

Une pose pour le reporter du North Bay Nugget.

Tom Skerritt de Mississauga, Ont. : « On a réussi à établir de solides amitiés... ».

La maison Katimavik à North Bay, Ont.

Tom Skerritt de Mississauga, Ontario, prend la vie du bon côté. Le parfait-petit-participant. Fier de son groupe, comme il se doit : « Un groupe bien tranquille, plus organisé que les autres... On a réussi à établir de solides amitiés. Rien de

Alison Bergman de Guelph, Ont. : « J'avais un grand besoin de sortir de Guelph ! »

superficiel ! » Pour Tom, Katimavik est plus qu'un programme : c'est l'École de la vie : « Les découvertes, les voyages, tous les gens *cool* qu'on rencontre... Katimavik, c'est un mode de vie ! Tout ce qu'on apprend en vivant à onze dans une maison pendant sept mois, c'est incalculable ! Et ça nous restera jusqu'à la fin de nos jours... »

Terminons la soirée – et cette longue journée ! – en compagnie d'Alison Bergman de Guelph, Ontario. Elle nous parle d'abord de ce qu'elle a appris en travaillant comme bénévole. Dans un atelier de menuiserie à Saint-Onésime, très petit village du Québec, dans un site historique métis au Lac

La Biche dans le nord de l'Alberta et, finalement, au Musée de Sturgeon Falls... « J'ai appris énormément ! »

Katimavik correspond-il à ce qu'elle attendait ? « C'est bien davantage que ce que je pouvais imaginer. C'est aussi plus

La vue devant le Montreal River Harbour Camp.

structuré, avec des règles de conduite et tout, la vie de groupe, le boulot quotidien dans la maison... J'ai adoré ! »

« Toute ma vie, j'ai vécu à Guelph, en Ontario. Et j'en avais marre d'être toujours dans la même maison, de voir les mêmes amis. J'avais grand besoin d'en sortir, de vivre de nouvelles expériences. C'est la raison principale pour laquelle je me suis inscrite à Katimavik... Enfin, j'ai appris à juger les choses par moi-même, sans l'influence de mes parents ou de mes amis de Guelph... J'ai appris et j'ai grandi, surtout moralement... »

Aboutissons dans un camping plutôt ordinaire près de Montreal River. Règle générale, nous mettons beaucoup de soin à choisir les terrains de camping les plus spectaculaires, comme on en trouve dans les parcs nationaux ou provinciaux. Quitte à rouler plusieurs kilomètres en plus...

De même, à l'heure du lunch, nous chercherons, le temps qu'il faut, la rivière mignonne, le petit lac inespéré, ou l'immensité féerique d'un champ de blé mur. Repas frugaux, mais avec vue : notre petit côté grands seigneurs !

Ce soir, oublions l'insuffisance des installations sanitaires de notre terrain de camping en admirant les éblouissantes fantasmagories d'un coucher de soleil sur le lac Supérieur…

Le 25 juillet

Téléphone d'Alain. Il nous décrit l'horaire de nos rencontres en Alberta… qui nous semble au bout de la terre !

Hélas ! le programme 1999-2000 tire à sa fin et, pour ne rater aucun groupe encore sur le terrain, quelque part au Canada, il nous faudra gagner du temps : au lieu de passer la nuit aux alentours de Thunder Bay comme prévu, nous fonçons vers l'ouest jusqu'au parc provincial de la Tortue, près de la petite ville d'Ignace.

Repas frugal mais avec vue!

Une journée de 843 kilomètres ! Anthony refuse de me céder le volant et ne s'arrête que lorsque son intuition de vidéographe l'incite à chiper un paysage en passant, une belle maison, voire une abeille.

Violent orage. Faut s'arrêter un moment. Éclairs, tonnerre, pluie aveuglante. Sans doute pour nous rappeler le voisinage de Thunder Bay ! Arrivons au parc provincial du lac Supérieur à 20 h. Erreur ! il n'est que 19 h puisque nous venons de passer d'un fuseau horaire à un autre. Quel

Coucher de soleil sur le lac Supérieur.

incroyable pays ! Pour le parcourir d'un bout à l'autre, il nous en faudra traverser cinq !

Le 26 juillet

Entre Thunder Bay et la frontière du Manitoba, belle région aux amples vallonnements percés de mille lacs. On se

Aux alentours de Thunder Bay.

croirait dans les Laurentides.

Dès l'arrivée au Manitoba, le paysage change vite, comme si un gigantesque fer à repasser venait d'aplatir les vallons. Restent les champs, à perte de vue, de chaque côté d'une route rectiligne, rêvée par des géomètres. Tout de même, avant d'arriver à Brandon, quelques collines timides, qui ont l'air de passage : elles disparaîtront avant la fin du jour !

Camping aux portes de la ville, dans un aimable sous-bois.

Abeille butineuse au bord de la route de Thunder Bay, Ont.

Chapitre 6

LA GRANDE PLAINE JAMAIS PAREILLE

Manitoba, Saskatchewan, Alberta

Le 27 juillet

Autre bonne journée : 560 kilomètres de route, pratiquement
sans courbe, entre Brandon et Moose Jaw.

La rivière Assiniboine, en route vers Brandon, Man.

Contrairement à une légende tenace, la grande plaine qui
s'étend jusqu'aux Rocheuses n'est pas un lieu où l'on s'en-
nuie. Pas plus d'ailleurs qu'au milieu de la mer ou dans le
Sahara. Parce que rare, le moindre accident de terrain, une
clôture, un arbre, un porc-épic devient spectacle.

Les kilomètres de champs plats, étincelante courtepointe où dominent le jaune, le vert et l'ocre, replacent l'homme dans une plus juste perspective. C'est pourquoi, sans doute, les déserts, la mer et les interminables plaines attirent les êtres en quête d'absolu.

Quoi qu'on en dise, il y a toujours à voir. Ainsi, les humbles fleurs des champs ne cessent de nous étonner par leur diversité. Tantôt modestes, discrètes, couleurs de pastel, tantôt flamboyantes et agitées comme des feux follets.

Parfois, il nous arrive d'arrêter au bord de la route à seule fin de les examiner de près, de les photographier avec amour, d'en cueillir quelques-unes, avec tous les égards dus à l'environnement. Depuis le départ, la table où l'on mange et où l'on travaille a toujours connu la joie d'un petit bouquet de fleurs des champs, dont le parfum léger prolonge le souvenir des jours qui passent.

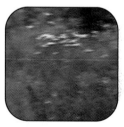  

Le temps de cueillir quelques fleurs des champs...

Dénichons la maison Katimavik de Moose Jaw vers 18 h, après avoir traversé tout le Manitoba et la moitié de la Saskatchewan sans nous arrêter, ou à peine... Un crime, si nous n'avions prévu de prendre notre temps sur le chemin du retour... dans un mois et demi !

Une belle bande de participants rieurs nous attendaient pour le dîner, préparé par Jay Nathwani de Toronto et Ryan MacWha de Berwick, en Nouvelle-Écosse. Deux garçons que

Un bouquet tout neuf pour égayer le déjeuner!

n'effraie pas la tâche de cuisiner pour les quatorze personnes attendues ce soir. Par-dessus le marché, ils devront faire sept douzaines de muffins et autres brioches pour le petit déjeuner en plein air de demain, cérémonie d'accueil présidée par le maire de Moose Jaw.

Âgé de 18 ans, Jay s'intéresse à tout, ce qui inclut la politique canadienne et le sort de la planète. Il en parle avec une passion plutôt inhabituelle chez les jeunes de son âge. Bien sûr, il se dirige tout droit vers les sciences politiques et le journalisme et, qui sait, la politique active. S'il se présente un jour, il peut compter sur moi pour le porte-à-porte...

Le 28 juillet

À 10 h, rendez-vous dans un vaste pavillon au milieu d'un parc municipal. Scénario connu, avec discours du maire, Ray Boughen, interview à la presse régionale, etc.

Pour amuser les invités, des participants ont inventé un jeu de société appelé *Katimavik Pursuit*. Les questions mettent à l'épreuve les connaissances de chacun sur Katimavik, la Saskatchewan et Moose Jaw en particulier.

Le meneur de jeu est Ryan, qui nous arrive du fin fond de la Nouvelle-Écosse. Il a un étonnant projet de travail : au centre d'accueil pour les touristes, il donne des renseignements sur Moose Jaw et les alentours :

Ryan MacWha, de Berwick, N.-É., à Moosse Jaw, Sask.

« Mais qu'est-ce que tu peux en dire ? C'est à peine si tu arrives dans cette ville !

— J'ai appris vite ! », répond-il en riant.

Le brunch de bienvenue présidé par le maire de Moose Jaw.

Le maire fera voter une résolution en faveur de Katimavik!

Avec le joyeux groupe de Moose Jaw.

À Saskatoon, avec Howard Nixon, premier co-président de Katimavik en 1977.

En route vers le nord-ouest, à travers des champs en damiers… plats comme toute la terre était avant Galilée ! Au loin, à peine visibles, sautillent quelques lourds tracteurs, on dirait des bourdons besogneux.

Prochain rendez-vous : le bureau régional des provinces de la Prairie à Saskatoon. Chaleureuse rencontre avec le personnel, bien dirigé par Catherine Laratte. Conférence de presse, sandwiches sans croûte et petits fours.

Devant Moose Jaw, océan de petites fleurs bleues.

Visite de projets de travail à Saskatoon : un camp pour enfants et une maison rénovée à l'intention de familles nécessiteuses.

En soirée, fête dans le jardin, derrière la maison d'un des deux groupes de la ville. L'immense plaisir de revoir Howard Nixon, grand humaniste et personnalité bien connue de Saskatoon qui fut, avec moi, au tout début, co-président de Katimavik.

Je revois aussi deux anciennes participantes de 1978 : Janet Clark et sa sœur Mary. En riant, elles rappellent les bons moments et les difficultés de ces premières expériences. À

À la fête de Saskatoon, Janet et Nancy Clark,
participantes de 1978…

l'époque, un groupe était composé de 33 participants… vivant sous un même toit ! On imagine les problèmes énormes que cela suppose, mais les sœurs Clark ne gardent que des souvenirs heureux. (Dès l'année suivante, on a compris que des groupes de onze feraient mieux l'affaire !)

« Grâce à Katimavik, dit Janet, j'ai pu découvrir plusieurs régions de mon pays, me faire des amis dans tous les coins du Canada… »

Elle nous parle avec émotion d'un jour de Noël vécu jadis dans la ville de Québec :

« J'avais des amis québécois, et ça, c'était pour moi d'une

grande importance… Après Katimavik, j'ai pu travailler dans diverses régions du pays parce que je me sentais partout chez moi… Les jeunes de ma génération ne se définissent plus guère par la région du Canada où ils habitent ou la province qui les a vus naître, ou encore par leur classe sociale… On établit des liens avec des gens de partout dans le monde, on adopte une attitude plus universelle… Et pour moi, c'est ça l'avenir ! »

On avait convenu de se coucher tôt en raison de la longue route prévue pour demain. Pas facile de s'arracher avant 23 h à toutes ces filles et ces gars en or…

Le 29 juillet

Lever à 6 h. Pour épargner du temps, nous avions fait la veille nos adieux aux participants, qui dorment sûrement tous dans leur grande maison silencieuse auprès de laquelle nous avions garé la nôtre.

En route vers Edmonton, Calgary et surtout Okotoks, où il y a un groupe.

Courte halte au bord de la rivière Saskatchewan : toilette sommaire, jus, céréales, yogourt. Mais la vue ! La vue !

La prairie, encore la prairie en Alberta.

Entrons en Alberta vers 10 h. Frôlons à peine Edmonton et Calgary, où nous nous arrêterons au retour. Pour l'instant, filons droit sur Okotoks, non sans quelques erreurs d'aiguillage… comme si Calgary refusait qu'on lui tourne le dos !

Au loin, à la limite des champs tapissés de fleurs jaunes, se découpe le profil bleu acier des Rocheuses, merveilles dont tous les Canadiens, qui ne peuvent les entrevoir de leur balcon, sont jaloux à mort !

Dans la maison d'Okotoks, Alta, Heather Moss sert le café.

À Okotoks, nous allions découvrir un groupe exceptionnel de onze participants, qui n'en a donc perdu aucun pour cause d'indiscipline ou autre. Ils en sont fiers comme des paons. Ils débordent d'énergie et de la joie d'être toujours ensemble depuis bientôt sept mois.

Nous avons beaucoup de plaisir avec eux, et Anthony voudrait interviewer sur vidéo chacune de ces personnalités intéressantes et fortes.

Karine Taillon de Longueuil, QC, a appris l'anglais : « My best friend is from Vancouver! »

En plein quartier résidentiel, la maison Katimavik ne dispose pas d'un terrain assez grand pour accueillir notre véhicule pendant la nuit. Nous camperons donc dans la rue, juste en face. En ce qui concerne l'eau et l'électricité, ça ira : nos réserves nous permettent une autonomie totale d'une journée ou deux. Mais la discrétion s'impose pour éviter que la police vienne nous déloger. Nous regardons tout de même les interviews de la journée.

Karine Taillon vient de Longueuil, au Québec. Participante épanouie, s'il en est ! Un peu triste, cependant, à l'idée que le beau rêve tire à sa fin et qu'il faudra bientôt se séparer de son groupe :

« Nous sommes devenus une grande famille. Tous des frères et des sœurs, maintenant… Il n'y a plus aucune gêne entre nous… C'est vraiment fantastique… Une deuxième famille qui va nous suivre toute la vie ! »

Karine continue dans son anglais tout neuf, ce qui lui aurait été impossible avant Katimavik :

« *Never before did I had friends that didn't speak my language… I mean my first language. It's weird ! Just like… Hey ! Wow !… I can communicate with someone that doesn't speak French… And we can be friends… Actually, my best friend in the group is an Anglophone from Vancouver. So… It's like… Amazing !* »

Frédéric Bossé est très fier de ses origines :

« Je viens du Saguenay, directement de Jonquière, au Québec ! »

Frédéric Bossé de Jonquière, QC, a découvert ce qu'il voulait faire dans la vie…

Comme Karine, il a appris l'anglais avec le groupe, il a découvert de nouvelles provinces, des endroits merveilleux, des gens super… Surtout, il a découvert ce qu'il voulait faire dans la vie… mais sans nous dire quoi !

Kim Mills de Moosomin, Saskatchewan, est plus loquace :

Kim Mills de Moosomin, Sask., rencontrée à Okotoks : « J'ai découvert ici que j'aimais travailler avec les enfants… ».

« Quand j'étais à l'école, je voulais devenir psychologue… »

Mais à la suite des expériences de travail très stimulantes des derniers mois, elle a changé d'orientation : « J'ai découvert que j'aimais travailler auprès des enfants, et aussi auprès des personnes handicapées… Ce que je viens de vivre m'a ouvert l'esprit et fait découvrir mes propres possibilités… »

Le 30 juillet

8 h. Super petit déjeuner avec, comme d'habitude, une brochette d'amis, conseillers municipaux, journalistes locaux, et les familles qui ont accueilli un participant chez eux pendant deux semaines, expérience fascinante autant pour les familles que pour les participants.

La tragédie de ce voyage, c'est qu'on n'a le loisir de connaître tous ces jeunes que très superficiellement. À peine si
on a le temps d'apprendre les prénoms de chacun, de savoir
que Heather s'est fait une entorse, et qu'une dent de sagesse
fait souffrir le pauvre Josh… Et hop ! il faut partir…

Dîner avec le groupe de Red Deer, un peu moins rigolo que
celui d'Okotoks, nous ne saurons jamais pourquoi. Le
groupe a peut-être quelque problème, mais les participants
ne s'en portent pas trop mal si on en juge par leurs
témoignages.

Emily Cook d'Ottawa : « Katimavik m'a ouvert les yeux sur la science
et l'environnement. »

À travers les propos d'Emily Cook, une participante
d'Ottawa, on peut deviner que la vie du groupe n'a pas toujours été facile :

*Benoît Baribeau
de Châteauguay,
QC, participant
du groupe de
Red Deer.*

« Un constant défi… Des chicanes qui s'éternisent… Des épreuves à traverser… Simplement vivre ensemble, 24 heures sur 24, pendant six, sept mois !… Assurément, c'est comme bâtir une nouvelle famille… Mais, comme dans notre propre famille, on se sent accepté, on est à l'aise… Chose certaine, on ne peut pas faire semblant d'être quelqu'un qu'on n'est pas ! »

Avant Katimavik, Emily ne s'intéressait absolument pas aux sciences. Dans un de ses projets de travail, le *BC Museum of Environment,* elle a découvert des applications pratiques de la science pour la protection de l'environnement : « Cela m'a ouvert les yeux sur l'importance de la science et sur l'urgence de protéger nos ressources naturelles. »

Benoît Baribeau est de Châteauguay et surtout du Québec, dont il a la passion : « Il n'y a rien de plus beau que le Québec ! Mais ça vaut la peine d'aller voir les autres provinces pour savoir ce qu'on n'a pas dans la nôtre. J'ai beaucoup aimé les montagnes en Colombie-Britannique... Un peu moins les maringouins de l'Alberta... J'ai vu un coin des Prairies... »

Sur le plan personnel, Benoît est assez content de ce qui lui arrive :

« Ah ! je sens que j'ai beaucoup grandi... J'ai acquis une plus grande maturité. Maintenant, je suis capable de régler les problèmes sans envoyer promener quelqu'un. Je suis capable de vraiment parler ! »

Au début, Benoît était très replié sur lui-même :

« Je parlais seulement avec les Québécois du groupe. Peu à peu, je me suis plus ouvert aux Anglais... Katimavik m'a appris à communiquer avec les autres, à respecter tout le monde... »

Guylaine Harvey de Longueuil, QC : « De retour chez moi, j'ai bien peur de me sentir seule... ».

Dans les propos de Guylaine Hardy, une participante de Longueuil, au Québec, on peut encore deviner que la vie de groupe a eu ses hauts et ses bas. Mais elle garde de merveilleux souvenirs des Rocheuses, elle est fière d'avoir appris l'anglais (et la patience !) et d'avoir vécu mille expériences enrichissantes.

Comme il ne reste que deux semaines d'ici la fin du programme, Guylaine commence à avoir hâte de revoir sa famille, ses amis de Longueuil :

« Oui, j'ai hâte, mais en même temps, je ne sais comment je vais réagir quand je me retrouverai seule, chez nous... Loin des gens avec qui j'ai vécu sept mois, auxquels je me suis habituée... Je pense que je vais me sentir très seule... Loin de Jonathan, qui joue de la guitare, de Stéphanie, avec qui je parle tout le temps, de Benoît, avec qui je me chicane... Ça va être bizarre... »

Le 31 juillet

À 10 h, accueil des plus chaleureux du groupe de Camrose, petite ville du centre de l'Alberta. La maison Katimavik déborde de participants et d'amis dont Leroy Johnson, député provincial : sa famille a été famille d'accueil, tout récemment.

Nous parlons avec tout le monde, mais un peu plus avec Marc-André Boucher, un grand gars de Sorel, au Québec, poète sur les bords. Voici comment il décrit Katimavik :

« C'était comme une fleur... Au début du programme, nous étions chacun comme les racines d'une plante à venir... À North Bay, au cours de la première rotation, on a commencé à arroser, la plante s'est mise à pousser, à grandir, pour donner à la fin une belle fleur… Le groupe est un jardin où pousse toutes ces fleurs… Une expérience très enrichissante quand chacun y apporte un peu de son eau ! »

Marc-André est plutôt fier de son anglais, fraîchement acquis. En voici un échantillon :

Marc-André Boucher de Sorel, QC, venu planter des fleurs à Camrose…

« *Before I left Sorel, my country was Quebec… Canada was like something else… There was Quebec and the rest of Canada… Now that I have seen Canada, I know that it is all a united country… I was like a little more separatist when I started… I have seen that we're not so much different… We are all the same and we can get along so well… In French, in English, whatever, it's the same… There are some differences, but we're all pretty much the same… For example, there is no*

Quebecers, or Manitobans or Newfoundlanders in our group…
We're just a Katimavik team, right now… »

Quittons le groupe à midi, en route vers un autre, à Bonnyville, petite ville située à quelques centaines de kilomètres plus au nord.

Pour ne rien changer à leur programme, nous nous joignons aux participants pour l'activité prévue en soirée : un exercice au poste de pompiers volontaires de Bonnyville. Très sérieusement, comme s'il y avait le feu, les pompiers nous aident à endosser de lourds costumes anti-flammes et nous accrochent au dos d'énormes bonbonnes d'oxygène. On a peine à marcher… Et je commence à éprouver une sympathie profonde à l'égard des pompiers… ce qui était peut-être le but de l'exercice !

Le groupe de Camrose, Alta, avec le député provincial, Leroy Johnson.

Avec le groupe de Bonnyville, Alberta, on joue aux pompiers!

Le clou : un tour dans un de ces gigantesques camions aussi rouge que possible, la sirène en furie… On nous emmène sur une route plutôt déserte afin que chacun puisse piloter le mastodonte à son tour… sans écraser trop de monde ! Ah ! le bonheur, enfin, de jouer au pompier, rêve de tous les enfants de la terre !

Le chef des pompiers offre à chacun un T-shirt aux armes de la brigade de Bonnyville. Je suis un peu vexé: sur celui d'Anthony, en grosses lettres blanches, le mot CHIEF. Moi, à 77 ans, je ne suis qu'un simple FIREFIGHTER… Y'a pas de justice !

Soirée intime, autour d'un feu, avec les participants. Ensemble, souvent dans un silence voulu, bienfaisant, nous admirons les explosions violacées du coucher de soleil, somptueux spectacle caractéristique des provinces de la Prairie... « où il n'y a rien à voir » !

Les guimauves tremblotent au-dessus des flammes, les rires fusent de partout pour accompagner les confidences les plus inattendues, les anecdotes, les questions. Avec une tendresse touchante, deux Québécoises parlent de ce Bonnyville perdu, quelque part au nord de l'Alberta, et dont, sans Katimavik, nous n'aurions sans doute jamais soupçonné l'existence.

Le coucher de soleil de Bonnyville prend sa place parmi les souvenirs magiques de ma vie : un jour, peut-être, il reviendra un instant m'arracher à l'horreur de quelque plate réunion, aux affres d'un métro bondé...

À Bonnyville, Alberta, la serre expérimentale, site de travail des participants.

Le 1er août

À midi, déjeuner en plein air dans un potager expérimental où travaillent quelques participants. Peut-être y font-ils pousser des fleurs, comme Marc-André... Une quarantaine de convives. Mélange habituel de politiciens, journalistes, familles d'accueil, amis, etc.

Nous sommes les hôtes de la communauté qui fait les frais du somptueux buffet, dont un gâteau immense, glacé aux couleurs de Katimavik.

Brendan Harrison de Calgary : « Un programme de sept mois,c'est trop court! »

Cinq ou six discours à la gloire de ce programme que Bonnyville voudrait absolument accueillir à nouveau l'an prochain, alors que nous avons été présents au cours des trois dernières années.

Les superviseurs de projet nous font visiter les jardins et les serres de fond en comble, mettant en évidence les réalisations des participants.

En discutant avec Brendan Harrison, participant de Calgary, on se rend compte qu'il est tout à fait d'accord avec moi quant à la durée du programme :

« Sept mois, ce n'est pas assez long ! », affirme-t-il sans hésiter. Il est convaincu qu'on ne peut avoir un échange culturel valable dans des programmes de quelques semaines, même d'un mois ou deux :

« Il faut beaucoup de temps pour que les membres d'un groupe deviennent à l'aise entre eux... Pour qu'ils puissent discuter de n'importe quoi avec un esprit ouvert... Par exemple, la question du séparatisme au Québec... Il faut du temps pour que de bonnes relations s'établissent entre les individus... Et ensuite, seulement, peut-on vraiment échanger des idées... »

Brendan sait-il que, depuis sa fondation, le programme a une durée de *neuf* mois, imprudemment réduite l'an dernier à *sept* mois pour de bêtes questions d'ordre budgétaire ?

De leur côté, nos partenaires locaux se plaignent amèrement de cette mesure qui laisse bien peu de temps aux participants pour réaliser des choses valables dans les communautés. Bref, coûte que coûte, Katimavik doit redevenir un programme de neuf mois. Une autre bataille en perspective !

Départ précipité pour Cold Lake, où nous attend une réception du même genre, tout aussi sympathique. Longs discours et petits fours devant les silences glacés de ce lac immense, sans la moindre ride.

Dîner à la maison Katimavik. *Shortcake* aux fraises.

Carl Desbiens est heureux de parler français avec un Montréalais comme lui. Mais il a appris l'anglais, dont il savait à peine « *yes* » et « *no* » avant Katimavik :

Carl Desbiens de Montréal : « Wow! J'ai fêté la Saint-Jean-Baptiste dans un village francophone d'Alberta! »

« J'ai aussi appris des tas de trucs : la cuisine, le tricot, la fabrication du compost et bien des choses sur l'environnement... Au début, j'étais un peu sceptique, avec l'impression que les Québécois ne sont pas toujours aimés des Anglais. En fait, on est apprécié partout. Et puis, un francophone trouve toujours d'autres francophones à travers le pays, pas juste au Québec... Je ne savais pas ça... J'ai même fêté la Saint-Jean-Baptiste en Alberta, dans un petite village encore assez francophone. En réalité, on célébrait la fête de la langue française et non la fête du Québec... »

Le 2 août

Lac La Biche. On retrouve les participants et les personnalités locales à la Mission du Lac La Biche, site historique et lieu de travail du groupe.

Nos partenaires, canadiens-français ou métis, semblent férus d'histoire et bien décidés à tout nous dire sur cette mission fondée en 1853 par le père René Remas, et longtemps animée par le père Lacombe, héros mal connu hors la Prairie.

Visite en règle de tous les bâtiments (chapelle, écoles, remises, cabanes), remis en état avec l'aide des participants qui y travaillent depuis trois ans.

Éric Seney, un gars du Québec, me tire la manche :

Éric et Simon viennent bavarder dans la camionnette.

Simon Duval de Saint-Roch-de-l'Achigan, QC : « Mon pays, c'est le Canada tout entier! »

Michelle Bissonnette de Waterloo, Ont. : « The greatest experience of my life! »

« Vous voyez cette fenêtre, dans le pignon de l'école ? Hé bien ! C'est moi qui l'ai installée... »

Il sait aussi que l'école a été fondée en 1898 par les Sœurs grises venues de Montréal. Éric me montre encore une minoterie qui date de 1863.

Maintenant parc splendide, la Mission du Lac La Biche fut jadis un carrefour de la plus grande importance pour les trappeurs et autres coureurs des bois.

Après un dîner jovial et de longues conversations, je me retire dans notre van, garée tout près de la maison Katimavik. Je suis en train d'étudier sérieusement la longue étape Lac La Biche – Yellowknife, quand on frappe à la portière : Éric et Simon, deux participants québécois, veulent bavarder encore un peu. Ils examinent la carte avec moi :

« Comme il est grand notre pays ! », s'exclame Simon. Il insiste :

« Et c'est bien *mon* pays ! Pendant des années à l'école, les profs m'avaient convaincu que seul le Québec était mon pays. Les Anglais ? Tellement différents de nous qu'il était inutile même d'essayer de s'entendre avec eux. Maintenant, après ce que je viens de vivre, je sais que ce n'est pas vrai. »

Pendant ce temps-là, Anthony a interviewé Michelle Bissonnette, une anglophone de Waterloo, en Ontario :

« *The greatest experience of my life ! It's incredible !* »

Le reste de l'entrevue est à l'avenant et ressemble fort à celles de bien d'autres participants rencontrés le long de la route. Au moins, ses derniers mots devraient être entendus par les parents, les éducateurs, les gouvernements :

« Je pense que c'est une honte que des programmes comme celui-ci ne soient pas plus connus et plus accessibles aux jeunes ! »

Ce que la société attend des jeunes comme elle ?

« Finir le *high school,* aller à l'université, obtenir un diplôme, s'installer dans une banlieue, avoir 2,5 enfants, un chien, une clôture… et une Volvo ! Si seulement on savait quelle sorte d'expérience on peut vivre à Katimavik, absolument tous les jeunes voudraient y participer ! »

Chapitre 7

L'AVENTURE OU PRESQUE...
Territoires du Nord-Ouest et Yukon

Le 3 août

6 h. Avec une infinie délicatesse, pour ne réveiller personne, nous débranchons boyau et fil électrique, derniers liens qui nous rattachaient encore à cette maison de Lac La Biche, remplie de merveilleux participants endormis.

Dans le nord de l'Alberta, en route vers Yellowknife.

En route vers Yellowknife ! Pour la première fois, nous avons le sentiment de sortir des sentiers battus, de nous enfoncer dans l'inconnu (pour nous !) du Grand Nord.

À partir de Peace River, les villages même minuscules se font rares. Sur le point de manquer d'essence, nous nous informons dans un triste petit magasin, très *Far West*. Selon la patronne, sans doute autochtone, nous ne trouverons pas d'essence avant Manning, à 45 kilomètres d'ici.

« Mais l'aiguille est à zéro depuis un bon moment ! Jamais nous ne pourrons rouler 45 kilomètres de plus !

Lunch dans un sous-bois à Peace River, Alta.

— *You'll make it ! You'll make it !* », répète la femme, inlassablement, on se demande bien en vertu de quel don de voyance… Comme on n'a guère le choix, on se lance bravement sur la route. Mais la femme nous court après, en nous faisant signe d'arrêter, sans doute prise de remords. Toute essoufflée, elle dit :

« Auriez-vous un formulaire d'inscription à Katimavik ?

— Une pleine caisse !

— C'est pour ma fille qui voudrait bien y aller, cet automne.

— Qu'elle se dépêche : la date limite est dans quatre jours ! »

Reprenons la route, tout en continuant d'appréhender la panne sèche. Un coup de téléphone nous change les idées : le sénateur Sharon Carstairs vient aux nouvelles. Grande amie de Katimavik, elle s'intéresse vivement à ce voyage. Convenons d'aller lui raconter tout ça quand nous repasserons par Winnipeg, dans un mois.

Nous ne sommes plus qu'à une dizaine de kilomètres de Manning. À mon insu, Anthony enlève discrètement son pied de l'accélérateur.

« Ça y est !, dit-il, d'un ton grave… La panne ! »

Sur l'erre d'aller, lentement, il range le véhicule au bord de la route. Je le console :

Sur le terrain de camping du 60e parallèle, quelques empreintes. Ours ou canards ?

« Bah ! Ce n'est pas grave. Maintenant, on peut facilement marcher jusqu'à Manning, en rapporter un bidon d'essence… »

La sauvage immensité des territoires du Nord-Ouest.

Au bout de quelques longues minutes, Anthony éclate de rire et pousse l'accélérateur au fond !

L'horrible personnage ! Il m'a bien eu…

À mesure que nous avançons vers le nord, les arbres rapetissent, se recroquevillent. Jusqu'à Manning, de frêles bouleaux blancs forment encore une garde d'honneur de chaque côté de la route. Plus loin, toutes frileuses et maigres, les épinettes prennent la relève.

À la tombée du jour, la frontière des Territoires du Nord-Ouest, puis un beau terrain de camping du genre sauvage.

Près de la rivière, dans la terre molle, des empreintes sans doute laissées par des ours.

Le 4 août

Sur une distance de 80 kilomètres, nous longeons le parc national du Bison des bois *(Wood Buffalo National Park),* le deuxième parc du monde en superficie, et sûrement le seul à compter plus de 2 500 bisons en liberté. Tout ce qui nous reste des 60 millions de bêtes qui, avant l'arrivée des Blancs, s'étaient répandues à travers la grande prairie. Les autochtones en abattaient à l'occasion, pour se nourrir et se vêtir. Plus tard, les Blancs et même les Métis détruisirent l'immense troupeau pour vendre la peau des bisons, parfois seulement leur langue, jugée mets délicat.

Premiers bisons, le long de la route de Yellowknife.

À la fin du 19e siècle, les 60 millions de bisons avaient été pratiquement exterminés ou chassés vers les États-Unis. C'est alors, hélas ! bien tard, que le gouvernement canadien a interdit la chasse au bison, pour enfin créer, en 1922, le parc national que nous admirons en ce moment.

Anthony conduit d'une main et tient le vidéo dans l'autre : il ne veut pas rater le moindre petit bison qui se montrera le bout du museau. Des affiches nous mettent en garde contre ces puissants mammifères, généralement inoffensifs, sauf lorsqu'il leur vient l'idée de charger un promeneur ou même un véhicule.

Les incroyables couchers de soleil de Yellowknife!

En ces régions désolées, nous ferons désormais le plein d'essence chaque fois qu'on apercevra l'ombre d'une pompe. La prochaine est à Enterprise, village de moins de cent habitants.

À la caisse du poste d'essence, une cliente me reconnaît, sûrement en raison de mon T-shirt orné d'une vue de la Mission du Lac La Biche :

« J'étais bibliothécaire au Lac La Biche et, au cours des années, j'ai eu le plaisir de travailler avec vos participants. Plusieurs continuent de m'écrire, dont une fille au nom facile à retenir : Alberta…

— Comme c'est curieux ! Il y a à peine un mois, nous l'avons rencontrée au Québec, où son groupe s'était installé dans le petit village de Saint-Onésime… »

Il est bien petit le monde de Katimavik !

Aux portes même de Yellowknife, nous nous installons dans un camping boisé et parsemé de gros rochers. Derrière nous, notre propre petite montagne où aller méditer…

Yellowknife, vu du Rock.

Le 5 août

Nous nous mettons sur notre trente-et-un pour aller dîner à l'*Explorer,* plus grand hôtel de Yellowknife, où nous serons les invités de l'honorable Ethel Blondin-Andrew, secrétaire d'État et responsable de la Jeunesse. Elle est accompagnée de Glenna Hansen, commissaire pour les Territoires, c'est-à-dire l'équivalent du lieutenant-gouverneur d'une province.

Avec Ethel Blondin-Andrew, ministre responsable pour la jeunesse, et Glenna Hansen, commissaire pour les Territoires.

Déjeuner animé et cordial, où il est question de politique, de Katimavik, du Grand Nord et, surtout, des dangers qui nous guettent si nous empruntons le Liard Trail pour rejoindre le Yukon. Au café, nous ne parlons plus qu'ours noirs et grizzlys !

Nos deux amies insistent pour que nous participions, cet après-midi, à une cérémonie et à une réception en l'honneur de la gouverneure générale, Mme Adrienne Clarkson, en visite officielle dans les Territoires. Une occasion rêvée de faire notre petite propagande ! Et de visiter le tout nouvel édifice de l'assemblée législative où se déroule l'événement.

Avec Adrienne Clarkson, gouverneure générale.

Un fidèle ami, Stephen Kakfwi, premier ministre des Territoires du Nord-Ouest.

Ravi de revoir Mme Clarkson et John Ralston Saul, cette fois pour leur parler de Katimavik, dont ils pensent déjà le plus grand bien.

Comme il ne se passe pas grand-chose dans cette jolie petite capitale de 17 000 habitants, une pareille réception réunit le tout Yellowknife, dont le premier ministre, l'honorable Stephen Kakfwi. Vieil allié, il souhaite une rapide expansion de Katimavik afin que nous revenions dans les Territoires du Nord-Ouest, hélas ! délaissés cette année encore, en faveur du Yukon.

Le 6 août

On nous a convaincus : il nous faut absolument une roue de secours, sans laquelle il serait insensé de nous lancer sur les routes apparemment mauvaises des prochains jours, dont le Mackenzie Highway et, surtout, le Fort Liard Trail, assez peu fréquenté. Deux ou trois jours de routes de gravier où, pendant des centaines de kilomètres, on ne rencontre aucun village.

Tout récemment, nous avons découvert que notre véhicule n'est pas muni d'une roue de secours, l'espace généralement réservé à cet effet ayant été comblé par les réservoirs d'eau et de gaz propane. On espère trouver à Yellowknife une roue et un pneu de la dimension requise. Pour en avoir le cœur net, il nous faudra attendre deux jours : c'est demain dimanche et lundi est jour férié.

Après les semaines trépidantes que nous venons de vivre, il ne serait pas scandaleux de nous reposer deux jours.

Le 6 août

Dimanche de rêve au pied de notre « montagne »…

Au ralenti, nous vaquons à nos petites occupations habituelles : je rédige mon carnet de route tandis qu'Anthony prépare les photos et leurs légendes pour le prochain envoi par internet.

Anthony explore le lac, derrière notre camping à Yellowknife.

Je termine enfin *Les Cendres d'Angéla,* le beau livre de Frank McCourt.

Le directeur du terrain de camping vient me demander si j'ai vu des ours depuis hier. Ma foi, non, je regrette ! Il y en aurait un certain nombre à l'intérieur même du camping. On a condamné les sentiers pédestres et installé un énorme piège à ours à quelques pas de notre véhicule.

Enfin, on nous remet une liste des choses à faire et à ne pas faire pour se protéger des ours et autres grizzlys.

La première recommandation nous laisse rêveurs : « Éviter de camper en des endroits fréquentés par les ours. » Disons-le tout net : nous n'avons aucune envie de déménager !

Les yeux dans les yeux…

Alors, si on se trouve face à face avec un ours, sur le chemin de la salle de douches ?

« Arrêtez. Restez immobile et calme. » On fera son possible !

« Assurez-vous que les gens des alentours soient avertis de la présence d'un ours. » D'où l'importance du téléphone cellulaire !

« Ne courez pas. Ne criez pas. Ne faites aucun mouvement brusque. » Une attaque de paralysie générale tomberait pile !

« Grimpez dans un arbre à au moins 4 mètres du sol, ce qui vous protégera d'un grizzly, mais pas d'un ours noir, qui saura bien vous rattraper.» Et s'il n'y a pas d'arbre ? Et si l'ours est noir ?

Alors, le conseil ultime, qui ferait frémir Brigitte Bardot : « Si vous avez une arme, tirez pour tuer ! »

Le 7 août

Encore les vacances ! En ville, tout est fermé, sauf les épiceries, où nous irons acheter assez de provisions pour survivre dans les pays abandonnés qui nous attendent.

Jouons au touriste. Bière à une terrasse devant le lac du Grand-Esclave. Photo et vidéo du haut du Rocher *(The Rock)*, point le plus élevé de la ville : vue à vous couper le souffle. Longues promenades dans le *vieux* Yellowknife… dont les plus anciens bâtiments datent peut-être de 1934, année de la fondation !

Ciel de vacances à Yellowknife.

Le 8 août

Quittons le camping et ses ours avant 8 h. Grâce à un tuyau d'Ethel Blondin-Andrew, nous trouvons un vendeur de roues et de pneus d'occasion qui règle notre problème en moins de deux.

Jacques et Anthony devant le Liard Trail.

Et en route vers l'aventure... selon ce qu'on nous dit ! Les prétendus experts décrivent un voyage sur le Mackenzie Highway et, surtout, sur le Liard Trail comme une course à obstacles : chemins raboteux, nids-de-poule, ornières, gros cailloux. Une crevaison n'attend pas l'autre, etc.

J'ai souvent entendu ce genre de propos avant de traverser des régions tout de même plus hasardeuses : les hauts plateaux de l'Éthiopie, les montagnes d'Afghanistan, le Sahara. J'avais appris à ne pas trop y croire...

Les 200 premiers kilomètres, jusqu'à Fort Providence, nous sont familiers. Mais cette fois, le long du parc des Bisons, nous en apercevons deux qui traversent la route, lentement, comme pour nous indiquer qu'ils sont ici chez eux. Branle-bas de combat chez les vidéographes ! Puis, un troupeau d'une dizaine de bêtes, puis un autre, et encore un autre… Bon, ça suffira comme ça !

Saluons avec reconnaissance un premier poste d'essence, situé à l'intersection du Mackenzie Highway et de la petite route qui mène à Fort Providence. Fausse joie : la pompe est paralysée par une panne d'électricité dont on ne sait absolument pas quand elle sera réparée. Et pourtant, il nous faut de l'essence et un peu d'air pour les pneus…

Des bisons, toujours des bisons…

Assez mollement, on nous suggère d'aller à Fort Providence même, à quelques kilomètres à l'intérieur des terres, au bord du fleuve Mackenzie. Une rue bordée de rares maisons, une église minuscule, une voiture de police, trois fois rien. On réussit tout de même à dénicher une très modeste pompe à essence, mais sans installation pour gonfler les pneus. On s'arrangera avec l'air qu'on a !

En route vers le prochain poste d'essence situé à trois heures d'ici. On compte maintenant en heures et non en kilomètres… pour aller d'un poste d'essence à l'autre !

Pas une seule habitation. Des conifères maigrichons à perte de vue. Ici et là, comme pour briser la morne grisaille, éclate un bouquet de petits bouleaux argentés.

Enfin, Cross Point. Une pompe à essence d'une autre époque et quelques cabanes éparpillées sur un lac de boue rougeâtre. Un gamin d'une douzaine d'années, probablement inuit, gonfle nos pneus. Il s'informe au sujet de

Au bord du fleuve Mackenzie.

*Dans le parc
Nahanni, le long
du Liard Trail.*

Katimavik dont le nom inscrit sur notre véhicule l'intrigue un peu. Il devrait pourtant savoir : c'est un mot inuktitut qui veut dire « lieu de rencontre » !

Anthony lui remet un dépliant et un formulaire d'inscription… Il pourra le remplir dans cinq ans !

Quittons le Mackenzie Highway pour nous engager dans le Liard Trail, dont on nous a dit tant de mal. Les nids-de-poule ne manquent pas, mais ça roule. Vers 6 h, la réserve du parc national Nahanni. Magnifique terrain de camping, comme nous les aimons, en pleine forêt, au bord d'un lac sauvage. En dînant, nous admirons le paysage à travers la moustiquaire, en nous moquant des moustiques et de leurs furieux escadrons.

Vers 21 h, alors que nous dormions déjà, le gardien du terrain de camping, un jeune autochtone, arrive en catastrophe dans sa camionnette. Très excité, il demande si nous avons entendu klaxonner au cours des dernières minutes. Même les orages électriques les plus fracassants ne troublent pas mon sommeil, mais Anthony a bien entendu quelques coups de klaxon, en effet… Sans rien nous dire de plus, le gardien repart dans un nuage de poussière et une pluie de cailloux. Une autre histoire d'ours ? Nuit glaciale. Pas plus de 5°C. On met en marche le système de chauffage. Au rez-de-chaussée, ça va. Mais à l'étage, protégé du vent par une simple toile, Anthony souffre un peu du froid.

Sentier pédestre dans le parc Nahanni.

Vers 7 h, avant de quitter cette forêt écrasée par le silence du matin, nous voulons interroger le gardien sur l'incident d'hier soir. Mais sa cabane en rondins est cadenassée et une affiche indique qu'on ouvre à 9 h. Tant pis ! Encore une histoire d'ours (peut-être !) dont nous ne saurons jamais la fin.

Étrange sensation de solitude. Brusquement, nous nous rendons compte que nous sommes sans doute les seuls êtres humains dans ce coin de forêt.

Vers Fort Liard, sur un chemin de gravier vérolé de trous et bien pourvu de flaques d'eau. Abordons les premières vraies montagnes depuis Okotoks en Alberta. Quittons les Territoires du Nord-Ouest pour faire un crochet par l'extrême nord de la Colombie-Britannique, avant d'arriver au Yukon.

De Fort Liard à la route de l'Alaska qui nous conduira à Whitehorse : 175 kilomètres de désolation. Pas l'ombre d'une habitation. Il pleut. Une famille de bisons résignés se repose dans l'herbe ruisselante, au bord de la chaussée.

Enfin, la route de l'Alaska, construite pendant la guerre par les soldats américains et canadiens. Il fallait un lien terrestre entre les États-Unis et l'Alaska au cas où les Japonais se seraient intéressés à ce lointain territoire américain.

Vers la route de l'Alaska.

Ours noir au bord de la route.

Dans les eaux chaudes et sulfureuses du Liard River Hot Springs.

Au bout d'une vingtaine de kilomètres sur cette bonne route asphaltée, nous apercevons notre premier ours noir, aussitôt immortalisé sur vidéo par Anthony.

Abordons les Rocheuses du nord, aux sommets souvent coiffés d'un capuchon de neige en plein été.

Arrêt pour la nuit au *Liard River Hot Springs,* parc provincial de la Colombie-Britannique. Allons nous plonger dans une source d'eau chaude sur laquelle flotte une vapeur menue aux effluves sulfureux. Délice ! Paradis ! Bonheur ! On ne parle pas, on se laisse griser par le murmure soyeux de cette eau tropicale qui nous arrive du ventre de la terre.

Micro-climat et flore exotique.

Retour au terrain de camping par un long sentier bordé de fougères et de grosses plantes grasses, flore exotique qui profite du microclimat créé par le miraculeux ruissellement des eaux chaudes... à 600 kilomètres de l'Arctique !

Le 10 août

Départ de Liard River vers 8 h… après un autre bain chaud !
Cette région fourmille d'ours et de bisons. On en rencontre
tout le long de la route, jusqu'à la frontière du Yukon.

La beauté du Yukon, près de Whitehorse.

Coincé entre la Colombie-Britannique et l'Alaska, ce territoire invite encore à l'aventure, à la contemplation de ses
montagnes au silence transi, de ses rivières tumultueuses
qui scintillent en défilant au fond des ravins et, de temps en
temps, explosent pour devenir chutes, cascades, cataractes.

Traversons Watson Lake, première petite ville après la frontière. Village plutôt, dont la population compte tout juste
mille habitants.

L'attraction de Watson Lake : un champ planté au hasard de
panneaux routiers portant les noms de municipalités du

Canada, des États-Unis et même d'ailleurs dans le monde. Commencée pendant la guerre par un soldat écœuré de casser des cailloux sur la route de l'Alaska, cette bizarre inutile accumulation compte plus de 30 000 panneaux apportés par des touristes complaisants. Même les collections les plus stupides exercent un certain pouvoir de fascination... l'espace d'un moment !

La grande maison Katimavik de Whitehorse nous attend avec un mot épinglé sur la porte, expliquant l'absence des participants, en pleine séance de *debriefing* en dehors de la ville : « Faites comme chez vous ! » Nous ferons exactement cela, en toute bonne conscience !

Le 11 août

Avons dormi dans notre petite maison sur roue, garée à côté de la grande. Nuit froide. Environ 2°C.

Paysage à Kingscrown, au Yukon.

Je travaille tranquillement à mettre mes notes et comptes à jour tandis qu'Anthony va escalader une montagne en compagnie de cousins qui habitent le Yukon.

Tout à coup se présente un grand jeune homme de plus de six pieds : « Je m'appelle Warren Bradley, me dit-il en français. J'habite Whitehorse, mais je viens de terminer le programme de Katimavik, qui m'a conduit à Shelburne, en Nouvelle-Écosse, à Shawinigan, au Québec, et à Vancouver. »

Warren Bradley, participant de Whitehorse, vient de découvrir la Nouvelle-Écosse, le Québec et Vancouver.

Warren me raconte ces sept mois de sa vie avec une belle passion. Prêt à toute action de nature à aider Katimavik. Je le reverrai dans quelques jours à la fête qui marquera la fin du programme des trois groupes de la région.

Invités à dîner par le groupe de la maison vide, Anthony et moi nous rendons au *Sunshine Valley Guest Ranch,* grand nom pour désigner une humble cabane où les participants sont en pleine séance de *debriefing* avant le départ. La cabane en rondins est si petite qu'il a fallu ajouter deux tentes pour accueillir le groupe.

La cabane en rondins où les participants de Whitehorse tiennent leur dernier meeting.

Les participants ont fait une longue excursion en montagne, à cheval : après une nuit sous la tente, ils arrivent à peine, fourbus et trempés. Mais la bonne humeur règne et on fait cuire d'énormes steaks sur le gril, en plein air.

« On mange rarement du steak, m'explique Sarah, l'agent de projet, mais les participants ont si bien administré le budget de nourriture, qu'il leur restait un surplus pour festoyer ce soir. »

Après dîner, on se détend dans la petite habitation rustique, sans eau ni électricité. Heure privilégiée, moment d'envol, à la lueur de quelques bougies et d'une petite lampe à gaz.

Puis, commence le *debriefing* proprement dit, auquel on nous invite gentiment à assister. Mais il n'est pas question d'imposer une présence étrangère en ce moment précieux de la vie du groupe. Au bout de quelques minutes, nous filons à l'anglaise et rentrons chez nous : au moins, nous avons l'électricité et l'eau courante !

Pas d'eau, pas d'électricité…

Le 12 août

Quittons les participants après le petit déjeuner. Nous les reverrons lundi à la fête.

Emplettes à Whitehorse, travail et lecture dans un parc, au bord de la rivière Yukon, près de laquelle se dresse fièrement la masse blanche du *SS Klondike,* bateau de rivière qui rappelle les temps héroïques de la Ruée vers l'or. On oublie qu'elle n'a duré que cinq ans, à la toute fin du 19e siècle, mais elle a eu la violence d'un raz-de-marée. Par exemple, en 1887, 40 000 prospecteurs venus du sud s'abattirent sur le

Yukon, comme une nuée de sauterelles. Un siècle plus tard, tout le territoire compte à peine plus de 30 000 habitants, dont 23 000 installés à Whitehorse.

À 6 h 30, rendez-vous à l'autre maison Katimavik, dans le centre de la ville. Encore un repas sympa, avec des participants déjà un peu tristounets à l'idée du départ.

Le 13 août

Invitation à déjeuner chez Ken de la Barre, autre vieux pionnier de Katimavik, où il a exercé d'importantes fonctions durant les belles années, de 1978 jusqu'à la suspension du programme. Il est toujours plein d'idées originales à mettre au service de la jeunesse.

À 16 h, dans le sous-sol de l'église de la *United Church,* rejoignons les trois groupes de la région, dont celui d'Atlin, en Colombie-Britannique, situé à la frontière du Yukon. Le grand départ vers le sud est prévu pour demain.

Des ballons orange et verts, couleurs de Katimavik, de très puissants haut-parleurs, de bonnes choses à manger et une tension collective palpable, causée par la petite angoisse de l'imminente séparation.

Discours d'usage. Le représentant du maire nous exhorte à revenir au Yukon l'an prochain, alors que – il le sait déjà ! – ce sera impossible sans une augmentation du budget.

Quelques participants ont été désignés par leurs pairs pour parler au nom de tous. Un des plus touchants : Nick Oliver de St Marys, en Ontario. En essayant d'expliquer tout ce que le programme lui a apporté et toute la reconnaissance qu'il

éprouve à l'égard de la population de Whitehorse, il a du mal
à contrôler son émotion.

Plus bouleversant encore, le témoignage d'Ashley Rideout,
participante de Pasadena, à Terre-Neuve, là-bas, à l'autre
bout... Elle éclate en sanglots à chaque phrase. À la fin, elle
pleure à chaudes larmes tandis que l'immense Nick tente de
la consoler en l'entourant de ses grands bras maladroits.

*Ashley Rideout de Terre-Neuve remercie Whitehorse. Elle éclate en
sanglots...*

L'émotion a gagné toute la salle, on s'embrasse, on se serre
très fort par bouquets de trois ou quatre... Ah ! On pourrait
remplir un lac de toutes les belles larmes répandues par les
participants de Katimavik depuis 1977...

Pour que la soirée ne tourne pas au mélodrame, le maître de
cérémonie, une participante de Montréal, Young-Mi Lee,
s'empare du micro : « Et maintenant, lance-t-elle avec

énergie, que la fête commence ! » Les haut-parleurs se mettent aussitôt à déverser leurs fleuves de décibels, et tout le
monde entre dans la danse.

L'émotion à la veille du départ.

Une fois de plus, Anthony et moi nous éclipsons avant la fin
pour aller rejoindre la route. Surtout ne pas manquer les
groupes de la Colombie-Britannique, dont le programme est,
lui aussi, sur le point de se terminer !

Il nous faut être à Prince Rupert dans les 48 heures. Quittons
donc Whitehorse vers 19 h avec l'intention d'aller camper le
plus loin possible, dans les environs de Teslin, sur la route
de l'Alaska. Ça tombe bien : il fait encore jour jusqu'à 23 h…

Chapitre 8

BEETHOVEN DANS LES ROCHEUSES
Colombie-Britannique

Le 14 août

On nous a décrit la route Stewart-Cassiar comme un cauchemar : nous nous lèverons donc à 5h30, aux premières lueurs du jour.

On reprend la route vers le sud.

Deux heures plus tard, nous faisons le plein à l'intersection de la route de l'Alaska et de la route Stewart-Cassiar, qui ressemble fort à un chemin de campagne, tantôt asphalté, tantôt en terre, toujours en construction, tout en côtes et en courbes.

Mais le paysage est spectaculaire et fou, planté de longs nerveux conifères, comme une armée de Don Quichotte délirants. Une pluie de petits lacs scintillent dans la mer de verdure, des rivières en furie, sans doute bouillonnantes de saumons, d'immenses étendues de fleurs sauvages, tantôt d'un violet profond comme la nuit, tantôt orange brûlée, tantôt d'or, comme la moutarde des champs. Et partout, les hautes montagnes de la chaîne côtière, aux cimes enneigées en plein cœur du mois d'août.

*Sur la route
Stewart-Cassiar.*

Les agglomérations se font rares, hameaux minuscules, grappes de trois ou quatre cabanes. Une poste d'essence aux 250 kilomètres. Au cours des interminables heures où il est au volant, Anthony écoute souvent de la musique, comme pour mieux être en éveil. Il a ses disques, moi les miens.

Si nous nous sommes trouvés de nombreux points communs, il est clair que nos goûts musicaux demeurent aux

Vallée dans le nord de la Colombie-Britannique.

antipodes ou presque… Sur ce plan, nous avons peut-être cinquante ans de différence !

Comme Anthony a besoin de sa musique quand il conduit, je m'en accommode de bonne grâce, mais je ne réussis pas à m'habituer à la monotone *techno*, dont le rythme nerveux, agressif, métallique me rappelle quelque machine détraquée, en plein délire.

Un jour, je me suis affirmé en glissant dans notre réserve de CD une sonate de Mozart, un concerto de Beethoven. Je demande à Anthony s'il aime ça : « Oui, bien sûr ! » répond-il sans hésiter. Mais jamais, par la suite, a-t-il manifesté le désir d'entendre un disque de musique classique !

On en arrive plus facilement à un compromis dans le domaine de la chanson populaire. J'ai craqué très vite pour Caetano Veloso, la grande vedette brésilienne. De son côté, Anthony avoue que je lui ai fait aimer Léo Ferré, certaines chansons de Trenet.

Après onze heures de route, Bell II, petit bourg, où il y a un terrain de camping sans fioritures, mais avec douche.

Le 15 août

Chose rare, nous nous levons à 9h, maintenant assurés d'arriver à Terrace bien avant l'heure convenue.

À mesure que nous avançons vers le sud et la côte du Pacifique, la nature change en profondeur (comme les participants !). Par bandes folles, les arbres feuillus viennent maintenant bousculer l'âpre uniformité des forêts de conifères.

À Terrace, petite ville de 13 000 habitants, accrochée aux rives de la rivière Skeena, nous avons rendez-vous avec Nathan Rowlen, coordonnateur régional. Nous le suivons

Chalet du groupe de Terrace, C.-B.

dans un étroit chemin qui aboutit à un lac du voisinage. Ici, les participants de Terrace achèvent leur *debriefing* dans un chalet on ne peut plus sommaire : ni eau courante, ni électricité. C'est une manie !

Par contre, il ne manque pas d'électricité dans l'air. Après sept mois de vie intense, de conflits toujours finalement réglés, d'épreuves déchirantes comme le départ d'un membre du groupe, de travail ardu monotone dont on est main-

Avec les participants de Terrace.

tenant très fier, après cette expérience unique, le moment est venu où chacun ira de son côté, en essayant de reprendre la vie « normale » avec les parents, les amis et l'école d'il y a sept mois, bien différente de l'École de la vie...

Oui, il y a de l'électricité dans l'air, un brin d'angoisse aussi devant ce retour vers le passé, en fait vers l'inconnu puisque chaque participant se sent totalement différent de ce qu'il était *avant*. On pense au mot de San Antonio : « Il a tellement changé qu'il a eu du mal à me reconnaître ! »

On se taquine, on fait semblant de s'engueuler, on risque des caresses furtives qui en disent long sur la tendre amitié qui unit maintenant ces garçons et ces filles « à jamais », disent-ils. Hier soir, nous confie une participante, le vase a débordé et les larmes ont coulé, chaudes et généreuses, avant de s'évaporer dans les éclats de rire.

Ce qui tempère un peu les débordements, c'est la présence d'Anthony et moi et, surtout, l'arrivée des invités à la fête de ce soir, les amis de Terrace. Familles d'accueil et superviseurs de projet de travail s'amènent avec d'énormes salades, des plats de biscuits, des gâteaux. Une mère a même son dernier-né dans les bras. « C'est mon petit frère ! » s'exclame un immense participant. Il s'empare du bébé, le cajole, l'embrasse, le mordille comme s'il s'agissait de son vrai petit frère. Un gars de Sherbrooke, au Québec, qui part demain matin…

Bonne fraternelle douce soirée, éclairée par quelques lampes à l'huile et la lumière d'un jour qui n'en finit plus de se noyer dans le beau lac d'encre violette.

Sachant bien que les participants étireront cette ultime soirée jusqu'à la limite, Anthony et moi les quittons vers 22h.

En route vers l'aéroport ou la gare d'autobus.

Le 16 août

Dès 7h30, même ceux qui ont bavardé jusqu'à 3h du matin, commencent à entasser leurs bagages dans la camionnette de Katimavik, parquée tout à côté de la nôtre.

Nous nous levons pour faire nos adieux et pour le privilège d'assister à ce moment intense et fébrile, où un groupe monte une dernière fois dans la van blanche, en sachant que le prochain arrêt c'est la gare d'autobus ou l'aéroport, c'est-à-dire la fin de la joie.

Le long de la rivière Skeena, en direction de Prince Rupert, C.-B.

Selon le *National Geographic Magazine*, la route qui nous sépare encore de Prince Rupert est l'une des dix routes les plus spectaculaires au monde. Quelle chance de la découvrir en douce, d'abord sous une pluie gentille, tellement caractéristique de cette région qu'un soleil éclatant paraîtrait incongru. Suivons les courbes voluptueuses de la rivière Skeena à notre gauche et, à droite, un long cortège de nuages joufflus qui vont s'écrabouiller sur les montagnes.

À Prince Rupert, rencontrons les deux derniers participants qu'il nous reste à voir, les autres ayant quitté la ville hier. Quant à Pierre-Luc Michaud d'Amos et Audrey Turner de Charlesbourg, ils ont décidé de revenir au Québec par le chemin des écoliers, c'est-à-dire en train. Grâce à Katimavik, ils ont pu découvrir l'Ontario, la Colombie-Britannique et même, dans leur propre province, un coin qu'ils ne connaissaient pas, mais ils veulent en voir davantage. Il leur manque de larges pans des Rocheuses, les joyaux de Jasper et de Banff, les trois provinces de la Prairie...

Pierre-Luc Michaud d'Amos, QC, au départ de Prince Rupert : « J'ai beaucoup changé! »

Nous causons à loisir dans un petit bistro de Prince Rupert, dont la soupe aux lentilles vaut le détour. Pendant près de deux heures, tant il y a à dire. Les expériences de Pierre-Luc et d'Audrey ne sont pas tellement différentes de celles des quelques centaines de participants rencontrés depuis Terre-Neuve. Mais pour tous, chaque effort, chaque épreuve, chaque victoire est un moment unique qui marquera leur vie. Ils le savent bien. Nous le savons aussi, et c'est pourquoi nous écoutons leurs confidences comme si nous n'en avions jamais entendues de pareilles.

« J'ai beaucoup changé ! » déclare Audrey.

Audrey Turner de Charlebourg, QC : « J'ai beaucoup changé! »

« J'ai beaucoup changé ! » dit Pierre-Luc, à son tour, comme un écho attendri.

« Apprendre à travailler, à communiquer dans les deux langues, à vivre en groupe pendant sept mois, à survive aux épreuves, à partager les grandes joies, à découvrir ce vaste pays… » dit Audrey, à moins que ça ne soit Pierre-Luc. De toutes manières, ils sont toujours d'accord !

« Et bientôt, il va falloir que je m'adapte au style de vie de mes parents, de mes amis.... Ou qu'ils se réadaptent à moi ! » dit Pierre-Luc en riant. À moins que ça ne soit Audrey...

En quittant ces deux beaux participants, Anthony et moi avons l'impression, nous aussi, qu'un moment de notre vie s'achève, que nous allons bientôt rentrer chacun chez nous, différents de ce que nous étions avant de partir. Dans quelques semaines...

À Campbell River, dans l'Île de Vancouver, nous irons saluer un groupe de futurs agents de projets, pendant leur camp de formation. La tentation est forte d'utiliser le ferry qui va de Prince Albert jusqu'à Port Hardy, à la pointe nord de l'île. Pas tellement coûteux puisqu'on évite 2 000 kilomètres de route en pleine montagne...

Tout le monde nous le dit : le voyage en mer en vaut la peine. Pendant une quinzaine d'heures, le navire se faufile entre les îles sauvages du *Inside Passage*. Voilà qui devrait nous reposer. Surtout Anthony, accroché au volant, jour après jour.

Mais nous sommes sur une liste d'attente. C'est la haute saison et nos chances sont minces de trouver place à bord du ferry. Passons la nuit dans un camping situé tout près de l'embarcadère. Pleins d'espoir...

Le 17 août

Lever à 5h. Pas de mollesse ! Nous voulons être au tout début de la file de voitures, qui agoniseront dans la nuit jusqu'à ce qu'on leur fasse signe de monter à bord. Quand notre tour arrive, nous avions presque cessé d'y croire...

Nos heures d'anxiété sont vite récompensées par l'étonnant paysage au milieu duquel nous glissons doucement, sans effort, heureux comme des rois. Hélas ! une pluie fine, presque brume, décourage les longues promenades sur les ponts extérieurs.

Entre les îles sauvages du Inside Passage.

Le navire déborde de touristes allemands qui voyagent en grappe, comme agglutinés à l'intérieur d'une bulle invisible. « Une baleine à bâbord ! » hurlent les haut-parleurs. Et aussitôt la bulle roule à bâbord. À la cafétéria, on a prévu de la choucroute...

En fin de journée, le soleil réussit à dissoudre les derniers nimbus et à se coucher en beauté, arrosant les îles montagneuses d'un peu d'or. Les épicéas d'Engelman, les sapins, les pins de Douglas montent à l'assaut des montagnes, les plus hautes atteignant mille mètres.

Accostons à Port Hardy un peu avant minuit : le premier terrain de camping venu fera l'affaire. Nous tombons bien : une
forêt de grands cèdres, comme des géants aveugles et
patauds qui se bousculent dans l'ombre. Impression de
pénétrer dans la nuit profonde d'une cathédrale gothique
peuplée d'énormes noires colonnes.

« Une baleine à bâbord! »

Le 18 août

Au réveil, tout a changé. Miracle de la lumière, nous voilà
dans l'incroyable splendeur d'une grande fête de la nature, à
la gloire des plus beaux et des plus grands conifères de ce
pays. Ils dégoulinent encore d'une pluie taquine qui vient
chatouiller les frémissantes fougères.

Même fine, la pluie nous empêche de bien voir le spectacle
des montagnes qui nous entourent de tous côtés : leur

Le soleil revient enchanter l'Inside Passage.

Réveil à Port Hardy, C.-B., au milieu des conifères géants.

masse sombre se découpent sur un ciel gris fer ou s'estompent derrière un léger voile de nuages. Alerte au vidéo : une mère chevreuil et son petit gambadent au bord de la route !

Au camp de formation de Campbell River, C.-B.

À Campbell River, la maison Katimavik, qu'un dernier groupe, hélas ! vient de quitter. Avant qu'un autre ne s'y installe en septembre, on l'utilise pour le camp de formation des futurs agents de projet de la région, sous la direction fort compétente d'Adam Wood. Sur la porte, un mot d'accueil et cette admirable citation de Gandhi, qui pourrait être la devise de Katimavik : *"You must be the change you wish to see in the world."*

Longues discussions avec ces jeunes gens, quelques-uns agents de projet d'une certaine expérience. Nous évaluons les conséquences des réductions budgétaires sur la qualité du programme, comme par exemple l'obligation de tenir cinq petits camps de formation régionaux, comme celui-ci, plutôt qu'un seul, plus considérable, au centre du pays, où alors la richesse du groupe était multipliée par cinq.

Le 19 août

Suite des discussions avec ces agents de projet de l'automne qui joueront un rôle majeur dans la vie de leur groupe et dans l'évolution des participants.

Peu après midi, retour sur la route, en direction sud. Près de Port Alberni, les plus grands arbres que nous ayons vus dans notre vie. Quelques-uns sont aussi hauts que des édifices de 45 étages et certains ont plus de huit cents ans. Longeons le Pacifique, une éternité de vaguelettes qui scintillent dans les somptuosités de la fin du jour.

Nuit dans un terrain de camping du *Pacific Rim*.

Premiers coups d'œil sur le Pacifique.

Le 20 août

Courte visite à Tofino, centre de surfing et haut lieu du tourisme bourgeois dans la région. Un peu trop haut pour nous ! Retraversons la chaîne de montagnes qui sépare en deux toute l'île de Vancouver, comme une orgueilleuse épine dorsale. Tant bien que mal, une route en tire-bouchon s'y vrille un passage.

Arrêt pour le reste de la journée au parc provincial de Qualium Falls. Anthony y a donné rendez-vous à un de ses anciens participants de la région. Vers 5h30, arrive un grand garçon à la crinière blonde : Brenden Galloway. Il est toujours impressionnant de voir les liens qui se créent, en quelques mois, entre participant et agent de projet. Pendant qu'ils se racontent leurs histoires, je prépare le dîner.

Dans l'île de Vancouver, les grands arbres de Cathedral Grove.

Le 21 août

Nous avions prévu de passer une journée de paix dans ce parc farouche, sans le moindre confort, mais peuplé de conifères géants comme on ne peut en admirer nulle part ailleurs au Canada. Un coup de téléphone de Montréal vient modifier nos plans. Le directeur général de Katimavik, Jean-Guy Bigeau, souhaiterait qu'Anthony présente un mini-vidéo du voyage à l'occasion de la petite fête prévue pour célébrer notre retour en septembre.

Brenden Galloway, ancien participant d'Anthony, rencontré à Qualicum Falls, C.-B.

Voilà qui exigera quelques jours de travail et, surtout, pour notre vidéographe, un studio de montage, plus facile à trouver à Vancouver que dans ce parc. Renonçons donc à notre journée en forêt pour aller au plus vite rejoindre le traversier qui relie Nanaimo à la terre ferme.

Le bureau régional de Katimavik se trouvant à Burnaby, un quartier du Grand Vancouver, on s'y installe dans un terrain de camping de type commercial, genre que, jusqu'à ce jour, nous avons évité comme la peste. Ça manque d'arbres, les *campers* et autres véhicules récréatifs sont parqués en rang d'oignons, à peine séparés par une haie d'arbustes. Mais c'est à deux pas de Burnaby, et les douches sont superbes !

Coin de rêve dans l'île de Vancouver.

Le 22 août

Anthony m'abandonne à mon sort et devient vidéographe à plein temps. Comme il logera chez des amis vidéographes, je le reverrai dans quelques jours.

Au bureau régional, je rencontre Jackie Neale, toute nouvelle directrice de la région de la Colombie-Britannique et du Yukon, et Gordon Thériault, qui occupa jadis cette fonction, depuis les origines jusqu'aux noires années de la suspension. En 1994, dès que la flamme fut ranimée, il reprit du service à Katimavik comme membre du conseil d'administration. Discutons des rencontres prévues au cours des prochains jours, principalement avec les médias.

Le 25 août

Journée tranquille et solitaire dans cet immense camping pour *RV* ou *Recreational Vehicles*, comme on désigne les modèles les plus modestes (comme le nôtre !) jusqu'aux interminables jouflues remorques.

Je me rends au centre de Vancouver pour y donner une entrevue au *Terry Moore Show*, émission de radio apparemment très écoutée. J'insiste pour qu'un participant ou une participante m'accompagne. Le bureau régional désigne Joel Lindsay, garçon remarquable. Ancien timide, il avoue sur les ondes en être à sa première expérience à la radio : « Sans le programme que je viens de vivre avec Katimavik, jamais je n'aurais eu le courage de me présenter ici ! »

L'entrevue est suivie d'une période de questions des auditeurs. Plusieurs rendent de vibrants témoignages, dont quelques très anciens participants dont l'intérêt est demeuré vif, même après vingt ans... Une seule voix discordante : un homme de Vancouver juge le programme excellent, mais un peu cher... à 125 000 $ par participant. Il a mis au moins un zéro de trop et je le renvoie gentiment à sa calculatrice !

Le 28 août

Retour d'Anthony. Il n'est pas vraiment satisfait du petit vidéo de dix minutes qu'il a monté en hâte, mais, au retour, il prendra le temps de produire un immortel chef-d'œuvre !

En route, enfin, vers les vraies Rocheuses, au milieu desquelles nous vivrons jusqu'en Alberta. Camping au bord du lac Osoyoos.

Le 29 août

Selon son récit de voyage au Canada[7], Maurice Genevoix s'é-
tait écrié, en arrivant ici : « Les Rocheuses, les plus beaux
paysages que notre monde puisse nous offrir ! ». Comme il a
raison. Et il est bien impossible de se lasser de ces hauts
lieux, vivifiants pour le corps, stimulants pour l'âme.

La belle vallée d'Osoyoos, C.-B.

Camping dans le parc national Kokanee, où les plus hauts
sommets, nous assure-t-on, s'élèvent jusqu'à 3 424 mètres.
Nous ne sommes pas très loin du lac Kokanee, où Michel, le
plus jeune fils de Pierre Trudeau, a connu une mort tragique
en novembre 1998. Il repose toujours au fond de ce lac,
entouré de hautes montagnes abruptes, spectaculaire sépul-
ture pour un jeune sportif rempli d'idéal.

---

7. Canada, *Flammarion, Paris, 1945.*

Cette tragédie avait profondément bouleversé Pierre Trudeau, qui ne devait jamais se remettre de son chagrin, comme peuvent en témoigner ses amis.

Le mauvais petit chemin de terre vers le lac Gibson, C.-B.

La proximité du lac Kokanee me donne envie d'y aller, mais sans qu'on le sache, tant me font pitié ceux qui utilisent le nom de Trudeau pour se mettre en valeur. Il est convenu avec Anthony que ce détour ne sera mentionné ni dans mon récit ni dans son vidéo. Une démarche strictement personnelle, dont je n'avais l'intention de parler à personne, même pas au père de Michel.

Le 30 août

À 9 h, abordons le misérable petit chemin de terre qui conduit au lac Gibson, où s'arrête toute voie carrossable et commence le sentier pédestre.

Pendant une longue demi-heure, nous nous faisons cahoter, brinquebaler, secouer comme prunier, les ressorts gémissent, la carrosserie se contorsionne. Anthony fait des prodiges pour éviter les branches, les trous, les précipices.

Le spectacle qui nous entoure change d'une minute à l'autre, à chaque virage, au sommet de chaque colline. Les arbres n'en finissent plus d'aller caresser un nuage ou un autre. Montagnes aux flancs dénudées, aux fines arêtes blanches de neige, végétation inattendue qui rappelle les Alpes.

Aboutissons enfin au lac Gibson, dans un coin déboisé où l'on peut garer les véhicules : la route ne va pas plus loin. À partir d'ici, on marche !

Le terrain de stationnement improvisé demeure sans surveillance, mais les panneaux recouverts d'avis, recommandations et mises en garde annoncent le pays sauvage, où les animaux sont davantage chez eux que les hommes. Par exemple, on nous exhorte à emmailloter les roues des véhicules dans du grillage à poulailler : les porcs-épics de par ici aiment bien grignoter les pneus ! Par bonheur, un voyageur a abandonné sur le terrain son armure de grillage. Sans doute pour la mettre à la disposition d'innocents dans notre genre, qui se méfient davantage des grizzlys que des porcs-épics.

On met aussi en garde contre les ours, et on recommande, pour les éloigner, d'agiter une clochette en marchant. À Whitehorse, j'avais acheté une clochette à ours pour ma petite-fille Jeanne, à qui je raconterais bientôt mes histoires d'ours. J'étais loin de me douter qu'elle nous serait utile un jour, dans ce sentier perdu…où je ne m'engage pas sans quelque appréhension qui ne concerne pas les ours : en dépit de mes fanfaronnades, je sais bien que je suis un septuagénaire, moins apte aux ascensions et autres escalades qu'à vingt ans.

Un sentier relie le lac Gibson au lac Kokanee.

Au son mignon de la clochette, suspendue au sac d'Anthony, nous nous engageons résolument dans le plus spectaculaire sentier du monde. Peut-être ! Il relie le lac Gibson au lac Kokanee en deux heures et quinze minutes de marche, a-t-on lu sur les affiches.

Grimpons, grimpons presque toujours, nous agrippant parfois aux branches quand la pente est trop raide. Je souffle comme un phoque, tandis qu'Anthony trottine, saute à gauche, à droite, pour photographier une fleur, un pic neigeux, un petit rongeur trop curieux.

Le plus beau sentier du monde… Peut-être!

Je m'arrête souvent : « Regarde, Anthony, l'extraordinaire paysage ! » En réalité, j'ai plus souvent besoin que lui de reprendre haleine… À me demander, parfois, si j'aurai la force de me rendre jusqu'au bout.

Enfin, après une ultime côte abrupte et traîtresse, la récompense : un beau rond miroir, le lac Kokanee, dont les eaux lisses et glacées reflètent les flancs nus de la montagne, dressés devant nous comme un mur. Tout en haut, le glacier Kokanee, d'où est partie l'avalanche qui a entraîné Michel Trudeau vers le lac et la mort.

Assis sur un rocher, je contemple la surface lisse des eaux, dont on ne soupçonne pas la profondeur. Et je pense à ce Michel que je connaissais bien peu. Je l'ai vu d'abord, bébé adorable, dans les bras de sa mère, puis enfant rieur sautillant en pyjama dans les salons du 24 Sussex, en maillot sur une plage de la Jamaïque, adolescent rêveur regardant son père avec admiration et tendresse… Et c'est par son père que, par la suite, je l'ai vu grandir de loin.

Parfois, on se croit dans les Alpes…

Quand nous déjeunions ensemble, à un moment ou à un autre, je demandais : « Et comment vont les garçons ? » Avec un plaisir évident, il m'apprenait alors que Justin enseignait, quelque part en Colombie-Britannique, que Sacha tournait un documentaire en Afrique, dans un pays en guerre, et que Michel faisait du ski et donnait des leçons, en pleines Rocheuses, où le père rêvait toujours d'aller l'y rejoindre bientôt, sur les pistes les plus redoutables.

Sur mon rocher, je pense à Michel, mais aussi, surtout, à son père, mon ami, à ce point terrassé par la mort de son fils que quelque chose s'était brisé en lui, on aurait dit pour toujours.

*Après plus de
deux heures
d'escalade, la
récompense.*

En silence, regagnons l'entrée de la piste. La descente est
presque aussi ardue que la montée, d'autant plus que les
muscles de mes jambes, peu habitués à ce genre d'excès,
commencent à protester. Dans une pente très raide, recouverte de fins cailloux, je perds pied : il s'en est fallu de peu
que je ne déboule dans un ravin.

Retour à la grand-route, direction Nakusp, où il y a un terrain
de camping à proximité d'une source d'eau chaude minéra-
lisée : ultime luxe et suprême remède pour apaiser mes muscles endoloris et réchauffer mes vieux os... Une vapeur
constante nous rappelle que la température de l'eau est très
élevée. Une affiche indique 104° F... et nous interdit d'y
séjourner plus de vingt minutes, alors qu'on rêverait de s'y
laisser bercer des heures et des jours et jusqu'à la fin du
monde...

*Un beau rond
miroir : le lac
Kokanee.*

Le 31 août

Bravement, nous nous levons à 6h pour profiter de la plus longue journée possible à travers les Rocheuses « classiques » du parc national qui aboutit à Banff, en Alberta. Longeons des lacs immenses, débordant de lumière, la rivière Columbia, orgueilleuse, superbe. Et partout autour, les plus hautes montagnes du pays.

Je me paye une fantaisie à laquelle je rêvais depuis longtemps : traverser les Rocheuses en écoutant la Neuvième symphonie de Beethoven, avec l'Hymne à la joie qui éclate au milieu des pics recouverts de neige.

Même Anthony convient que l'idée est bonne...

Chapitre 9

UN RETOUR PRÉCIPITÉ

Alberta, Saskatchewan, Manitoba, Ontario, Québec

Le 31 août

Halte au lac Louise, mille fois moins beau que le lac
Kokanee, envahi par les touristes de tout le pays, de tous les
continents, inondé de Japonais hagards qui semblent avoir
perdu leur guide.

L'incontournable lac Louise.

Promenade dans les jolies rues de Banff, jusqu'au *Banff
Centre for the Art,* où j'ai fait jadis un court séjour et où
Anthony rêve de venir perfectionner son art.

À la fin de cette journée mémorable, Calgary et un terrain de camping à 35 kilomètres de la ville.

La nuit, impressionnant spectacle des lumières de Calgary, comme un champ d'étoiles jaunes.

Calgary la nuit, vu du camping.

Le 2 septembre

Je retrouve ici mon fils aîné, Michel, qui adore Calgary où il habite depuis vingt ans. Dans son incroyable Impala décapotable 1968, il nous fait découvrir la ville qu'il connaît comme le fond de sa poche et nous permet de faire nos courses tambour battant.

Allons manger tous les trois dans un resto très « in », c'est-à-dire où la sono est d'une telle puissance que toute conversation devient impossible. On s'amuse bien quand même…

En route vers Medecine Hat… dont le nom bizarre m'a toujours intrigué. Réglons donc la question une fois pour toutes : c'est la traduction du mot indien « saamis » qui, justement, veut dire « le chapeau du sorcier » ou *medecine man's hat*. À la fin d'une bataille entre les Cris et les Pieds-Noirs, le sorcier des Cris prit la fuite et perdit son chapeau au milieu de la rivière Alberta. Assurés qu'il s'agissait là d'un

L'incroyable Impala décapotable 1968…

La belle tranquillité du parc provincial.

Vers le camping de Cypress Hill, Alta.

mauvais présage, les Cris déposèrent les armes et furent vite massacrés par les valeureux Pieds-Noirs. Voilà !

Aboutissons dans un parc provincial de l'Alberta, à cheval sur la frontière de la Saskatchewan.

La saison avance et les campeurs se font de plus en plus rares. Agréable impression d'être seuls au monde devant un lac mignonnet, où se noie un coucher de soleil fantasmagorique, dont ces provinces sans relief ont le secret. Au cours de la nuit, le cri des coyotes nous rappellent que nous ne sommes pas vraiment seuls au monde...

Le 3 septembre

Roulons vers Regina sur une hallucinante route à quatre voies, immuable, rectiligne, comme tirée à la règle. Après un mois en pays de montagne, nous craignions la monotonie de ces immenses champs fraîchement moissonnés. Au contraire, c'est avec joie que nous retrouvons la plaine infinie, apaisante, jamais pareille.

Quelques heures à Regina et retour sur la route droite, sans l'ombre d'une courbe. Nuit dans un parc provincial près de Qu'Appelle, autre nom insolite... et qui, pour moi, le restera encore un moment !

Joli bois aux conifères bien alignés, évidemment importés et plantés. Au hasard de promenades, on rencontre quelques familles avec enfants et, surtout, des rentiers d'un certain âge, qui ont investi leurs économies dans des véhicules récréatifs ventripotents, parfois aussi gros que les autocars de la *Greyhound*.

La Prairie, hallucinante route rectiligne...

On les agrandit encore au moyen d'interminables auvents, sous lesquels on éparpille un important mobilier de jardin. Au milieu de tout ce plastique, trône un téléviseur énorme et l'indispensable antenne parabolique.

Pour ajouter à l'ambiance, on va jusqu'à suspendre des lanternes électriques aux arbres, qui prennent alors des allures de sapins de Noël. On se visite d'un véhicule à l'autre, on se raconte des histoires de *RV*, on se congratule sur les derniers gadgets ajoutés à tous les autres, on se donne rendez-vous au prochain terrain de camping… dans deux jours ou l'été prochain ! Monde à part que nous observons de loin, avec une curiosité discrète et un peu molle.

Le 4 septembre

Pour éviter de revenir sur nos pas, nous irons à Winnipeg en empruntant une route secondaire, qui donne une idée de l'incroyable isolement des fermiers de l'Ouest. Des kilomètres de champs séparent chacun de son voisin. Pratiquement pas d'autos sur la route, encore moins de piétons. Près de Melville, un cerf gracile et terrifié traverse la route en sautillant, comme une grosse sauterelle : il ne s'attendait par à voir du monde !

Winnipeg, encore endormi à la fin du long week-end de la fête du Travail. Rues désertes, boutiques fermées. Filons vers le parc provincial *Bird's Hill,* au terrain de camping fort bien aménagé, vaste et suffisamment boisé pour qu'on n'y voit pas les autres campeurs. Nos seuls visiteurs : les lièvres !

Le 5 septembre

Dîner et soirée en compagnie de Sharon Carstairs et de son mari John. Ils habitent une fort agréable maison en bois au bord du lac Winnipeg, où nous vivons des heures délicieuses sous le signe de l'amitié.

Éducatrice dans l'âme, le sénateur Carstairs a toujours manifesté un intérêt très sincère pour Katimavik, au point de ne jamais refuser l'occasion de rencontrer des groupes de participants. Elle comprend les objectifs du programme, qu'elle a souvent défendu avec ferveur auprès de ses collègues sénateurs et députés. Une alliée précieuse, avec laquelle c'est un vrai bonheur de discuter de Katimavik et de son avenir.

Près du lac Winnipeg avec Sharon et John Carstairs.

Le 7 septembre

Avant le départ de Winnipeg, conférence de presse dans un restaurant de la ville. Tout se passe bien jusqu'à ce qu'un des reporters nous apprenne, ainsi qu'à ses collègues encore présents, la nouvelle qui bouleverse le Canada tout entier. Il vient d'entendre à la radio que Pierre Trudeau serait très malade, peut-être agonisant.

Plusieurs journalistes nous avaient déjà quittés, mais ceux qui restent me harcèlent de questions sur l'ancien premier ministre, sous prétexte que nous sommes de vieux amis. Mais je ne sais rien de plus que ce que je viens d'apprendre, et je n'ai surtout aucune envie de spéculer sur le sujet. Tant bien que mal, sans blesser personne, je réussis à m'extraire de ce guêpier.

Nous sautons vite dans la van et reprenons la route. Le téléphone cellulaire sonne sans arrêt : je refuse au moins une vingtaine d'entrevues au sujet de Pierre Trudeau. L'intérêt est si vif que les journalistes ont tout à fait oublié l'objectif de notre voyage... et n'en veulent plus rien savoir !

Peu avant Kenora, des gens s'agitent au milieu de la route et nous font signe d'arrêter. Il s'agit d'une équipe de télévision, décidée à m'interviewer, coûte que coûte. Leur caméra est déjà installée en bordure de la chaussée. Après discussion, nous convenons de faire deux entrevues: l'une au sujet de Trudeau, l'autre au sujet de Katimavik.

En reprenant la route, nous concluons que, désormais, il sera impossible de retenir l'attention des médias sur Katimavik. Les journalistes ont une seule chose en tête : m'arracher quelques mots sur mon ami, pour le clip de 18h !

Décidons donc de rentrer à Montréal par le plus court chemin, en évitant même Toronto. De toute manière, notre mission touchait à sa fin, et si les spéculations au sujet de la santé de Pierre Trudeau sont un tant soit peu exactes, je ne veux plus perdre une minute, dans l'espoir de le revoir une dernière fois.

Une équipe de télévision nous attend au milieu de la route.

Depuis la mort de Michel, et plus spécialement depuis un an, je voyais décliner la santé de mon ami, mais je ne pouvais me douter qu'elle se détériorerait aussi brusquement. Il y a quelques semaines encore, un mois peut-être, je lui ai parlé au moyen du cellulaire. Nous avions blagué comme à l'accoutumée, il avait même échangé quelques mots avec Anthony. Avant de le quitter, je lui avais dit, sans trop y croire : « Je vois que l'été t'a fait du bien. Ta voix est meilleure… Tu vas mieux ! »

Après quelques secondes de silence, il m'avait répondu, serein mais ferme : « Non, Jacques, je ne vais pas mieux. »

Nous brûlons les étapes en direction de Thunderbay, pour finalement nous arrêter à Dryden pour la nuit.

Les doux paysages du nord de l'Ontario.

Le 8 septembre

Au cours de cette journée, nous établissons le record du voyage : 1 100 kilomètres, presque tous avec Anthony au volant.

Camping à la sortie de Sault-Sainte-Marie, au bord de la baie Georgienne, embrasée par un flamboyant coucher de soleil.

Sans en avoir l'assurance, nous avons bon espoir de rentrer à Montréal demain soir. Alors, ce dîner serait le dernier du voyage ? Improvisons donc un repas de fête, en commençant par le traditionnel avocat à l'huile d'olive et au citron, mais cette fois le spaghetti à la napolitaine est arrosé d'un petit bordeaux, qui attendait son heure dans le fond du placard.

Le vin aidant, l'impression d'être de vieux amis...

Trinquons à notre réussite... Nous arrivons enfin au terme de ce long voyage et nous avons surmonté nos petites différences pour former, tout compte fait, une équipe remarquable.

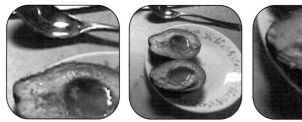 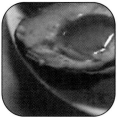

Avocats à l'huile d'olive et au citron pour le dernier dîner...

Mais l'aventure ne s'arrête pas là, puisque Anthony devra maintenant produire un vidéo, alors que je préparerai mes notes de voyage en vue de la publication d'un petit livre, d'ailleurs abondamment illustré de ses photos. Nous n'avons donc pas fini de travailler ensemble.

Mon compagnon de voyage ne laisse pas aisément voir ses sentiments. Alors que je suis un extraverti, sans doute exécrable, Anthony demeure un être plus secret, dont j'ai l'impression d'avoir à peine gratté la surface.

Mais ce soir, le vin aidant, nous avons l'impression d'être de vieux amis…

Le 9 septembre

Debout à 5h30. Sans toutefois battre le record d'hier, nous parcourons, presque sans nous arrêter, les quelque mille kilomètres qui séparent Sault-Sainte-Marie de Montréal. Il ne reste aucun souvenir de cet interminable trajet, tant il est vrai que, 24 heures avant la fin d'un long voyage, on est déjà rendu à destination. Le cheval fatigué qui se rapproche de son écurie ne rêve plus que d'eau fraîche et de foin bien sec, parfumé au trèfle.

Le soleil se lève une dernière fois sur le voyage.

ÉPILOGUE

Les gens ordinaires peuvent bien avoir les idées les plus mirifiques, les rêves les plus fous merveilleux : règle générale, rien n'arrive à moins qu'ils ne puissent les partager avec un prince sensible au mirifique et au merveilleux, capable de transformer les rêves en réalité.

Gars bien ordinaire, j'ai eu cette chance unique d'avoir connu Pierre Trudeau dans notre jeunesse et d'avoir conservé sa confiance et son amitié. Devenu premier ministre du Canada, il n'était pas toujours d'accord avec mes grands projets, et Dieu sait qu'il en a écarté plusieurs !

Cependant, il s'est tout de suite passionné pour Jeunesse Canada Monde et, quelques années plus tard, pour Katimavik, dont il a compris les immenses possibilités, entre autres celle de changer notre société de fond en comble.

Sans Pierre Trudeau, ni Jeunesse Canada Monde, ni Katimavik n'auraient vu le jour. Et jusqu'à sa mort, on ne s'est jamais rencontré sans qu'il me parle, avec affection, de l'un ou de l'autre. Aussi, s'était-il montré enthousiaste quand je lui avais mentionné mon projet de voyage. Nous avions convenu que je lui raconterais tout, dès mon retour, à notre restaurant chinois habituel, le Chrysanthème. J'étais loin de penser que, pour nous deux, il n'y aurait plus de Chrysanthème...

En arrivant à Montréal, je communique avec Sacha : il me confirme que son père va très mal. Alité depuis plusieurs jours, il ne voit plus que les membres de sa famille. Je comprends.

Le lendemain, Sacha me rappelle : « Mon père a manifesté le désir de te voir. Tâche de venir vers 16 h, le seul moment de la journée où on l'installe dans un fauteuil pendant une heure, plus ou moins... »

Je m'amène donc, avenue des Pins, le cœur serré, avec quelques tablettes d'un chocolat qu'il aime et qui évoque de bons souvenirs...

Ce grand sportif, si fier de sa forme physique, n'est plus que l'ombre de lui-même : frêle vieillard dont le moindre mot lui demande un effort inouï.

Alors, je parle, parle, je raconte, raconte, sans trop bien savoir ce que je dis ! Parfois, une anecdote lui arrache un pâle sourire... Quand je cite les propos émus d'un participant de Katimavik, dont « la vie ne sera plus jamais la même », son noble visage s'illumine... Quand j'aborde les Rocheuses, je sais bien que le souvenir de Michel vient d'envahir son âme.

Ah ! Je m'étais pourtant promis de ne parler à personne au monde de l'excursion au lac Kokanee, même pas à mon ami. Mais, en cet instant, je comprends que je ne le reverrai plus. Et si une allusion à ce geste d'amitié tout simple allait lui procurer une petite joie ?

« Et alors, nous nous sommes rendus jusqu'au lac Kokanee... »

Ses yeux épuisés s'illuminent encore avant de s'embuer légèrement... À grand-peine, il me demande d'une voix presque inaudible : « À pied ?... À pied ? » Il connaît les lieux, le sentier raide et tortueux... Il a du mal à croire que j'aie pu grimper jusqu'au lac à pied ! Il est content. Je suis content.

En rendant possible Katimavik, qui comptait 5 000 participants la dernière année de son gouvernement (ensemble, nous rêvions de 50 000 et plus !), Pierre Trudeau laissait aux jeunes de son pays bien plus qu'un monument : un moyen efficace de se prendre en mains, de se dépasser, de devenir des citoyens ouverts au monde, des hommes et des femmes libres. Il leur laissait ce qu'on a appelé, avec juste raison, l'École de la vie !

ANNEXES

A – Mission et objectifs

Mission

Katimavik, le programme jeunesse national le plus important du Canada, s'est donné comme mission de **favoriser le développement personnel des jeunes**, grâce à un programme stimulant de bénévolat communautaire, de formation et d'interaction en groupe.

Objectifs

1. Contribuer de façon significative au développement personnel, social et professionnel des participants et participantes.

2. Promouvoir le service à la communauté.

3. Offrir une expérience diversifiée favorisant une meilleure compréhension de la réalité canadienne.

B – Programme Katimavik

Katimavik offre gratuitement aux jeunes Canadiens et Canadiennes âgés de 17 à 21 ans la possibilité d'acquérir des habiletés interpersonnelles ainsi que des techniques de travail, tout en apprenant une langue seconde.

Pendant sept mois, les participants et participantes séjournent dans trois régions du Canada (dont une francophone) et vivent en groupe de onze (un agent de projet supervise l'apprentissage), composé d'un nombre égal d'hommes et de femmes, provenant des quatre coins du pays et reflétant la diversité culturelle, économique et sociale. De plus, dans chaque région, les participants et participantes vivent pendant neuf jours dans une famille d'hébergement pour mieux comprendre la culture locale.

Tous travaillent bénévolement à la réalisation de projets communautaires, tout en s'engageant dans la vie sociale et culturelle de leurs trois communautés d'accueil. Grâce au travail effectué et à la vie en groupe, les participants et participantes prennent conscience de leur potentiel et des exigences du marché du travail.

Parallèlement, afin d'atteindre les objectifs d'apprentissage du programme, participants et participantes organisent une série d'activités en dehors des heures de travail dans cinq domaines : langue seconde, leadership, environnement, découverte culturelle et mode de vie sain.

Katimavik est une expérience dont l'intensité force l'ouverture et la maturation de l'individu à une période charnière de sa vie. Selon plusieurs parents de participants et participantes, cette expérience l'aide à prendre une décision éclairée quant à son avenir.

C – Fiche d'inscription

JE M'INSCRIS !
(S.V.P. écrire en lettres moulées)

Remplir et retourner à :
Katimavik
Édifice du Port de Montréal, aile 3, bureau 2160
Cité du Havre
Montréal, Québec, H3C 3R5

Téléphone sans frais : 1 888 525-1503
Télécopieur : (514) 868-0901
Courriel : info@katimavik.org

NOM DE FAMILLE   PRÉNOM

ADRESSE ET NUMÉRO D'APPARTEMENT   VILLE

PROVINCE   CODE POSTAL   ADRESSE ÉLECTRONIQUE

NUMÉRO DE TÉLÉPHONE   NUMÉRO DE TÉLÉCOPIEUR

LANGUE DE CORRESPONDANCE   SEXE   DATE DE NAISSANCE

Renseignements demandés à des fins statistiques :

Où as-tu entendu parler de Katimavik ?

Quel est ton statut ? ❑ étudiant ❑ travailleur ❑ sans emploi

Quel est le revenu annuel de ta famille ?

Es-tu autochtone ?

Un autochtone est une personne faisant partie du groupe des Indiens de l'Amérique du Nord ou d'une Première nation, ou qui est Métis ou Inuit. Les termes « Indiens de l'Amérique du Nord » et « Première nation » signifient les Indiens inscrits, les Indiens non inscrits et les Indiens couverts par traités.

❏ Non   ❏ Oui (prière de cocher la case appropriée)

    ❏ Inuit ❏ Métis

    ❏ Indien de l'Amérique du Nord/Première Nation

Es-tu membre d'une minorité visible ?

❏ Non

❏ Oui (prière de cocher la case qui décrit le mieux le groupe auquel tu appartiens)

    ❏ Noir ❏ Latino-Américain non/blanc (Amérindiens de l'Amérique Centrale et de l'Amérique du Sud, etc.)

    ❏ Personnes d'origine mixte (dont l'un des parents provient de l'un des groupes énumérés)

    ❏ Chinois ❏ Japonais ❏ Coréen ❏ Philippin

    ❏ Asiatique du Sud / Indien de l'Est (Indien de l'Inde, Bangladais, Pakistanais, Indien de l'Est originaire de la Guyane, de la Trinité, de l'Afrique orientale, etc.)

    ❏ Asiatique de l'Ouest non/blanc, Nord-Africain non/ blanc ou Arabe (Égyptien, Libyen, Libanais, Iranien,etc.)

    ❏ Asiatique du Sud-Est (Birman, Cambodgien, Laotien, Thaïlandais, Vietnamien, etc.)

❏ Autre minorité visible (veuillez préciser) : _____

Le gouvernement du Canada par l'entremise d'Échanges Canada, une composante du ministère du Patrimoine canadien, est fier d'accorder un appui financier à Katimavik.

www.katimavik.org

D – Adresses du siège social et des bureaux régionaux

SIÈGE SOCIAL

Édifice du Port de Montréal
Aile 3, bureau 2160
Cité du Havre
Montréal (Québec) H3C 3R5
Téléphone :   **1-888-525-1503**
                 (514) 868-0898
Télécopieur :   (514) 868-0901
Courriel :   info@katimavik.org

BUREAUX RÉGIONAUX

COLOMBIE-BRITANNIQUE ET YUKON

  Bureau # 1, 774 rue Columbia
  New Westminster (Colombie-Britannique) V3M 1B5
  Téléphone :   (604) 521-0555
  Télécopieur :   (604) 521-9393

PRAIRIES, TERRITOIRES DU NORD-OUEST ET NUNAVUT

  827-601, Spadina Cres. Est
  Saskatoon (Saskatchewan)S7K 3G8
  Téléphone :   (306) 665-2122
  Télécopieur :   (306) 665-0211

ONTARIO

  298, rue Elgin, bureau 101
  Ottawa (Ontario)K2P 1M3
  Téléphone :   (613) 722-8091
  Télécopieur : (613) 722-1359

QUÉBEC

  Édifice du Port de Montréal
  Aile 3, bureau 2160
  Cité du Havre
  Montréal (Québec) H3C 3R5
  Téléphone :   (514) 871-2043
  Télécopieur :   (514) 871-8518

ATLANTIQUE

  35, rue Highfield, bureau 3
  Moncton (Nouveau-Brunswick) E1C 5N1
  Téléphone :   (506) 859-4353
  Télécopieur :   (506) 859-4322

E – Conseil d'administration 2001

Président fondateur
Jacques HÉBERT *
Montréal, Québec

Membre à vie
Claude RAÎCHE
Notre-Dame-de-l'Île-Perrot,
Québec

Coprésidente
Sylvie C. CREVIER * -
Consultante en gestion
Les Cèdres, Québec

Coprésident
Max BECK * -
Consultant, homme d'affaires
Toronto, Ontario

Vice-président
Gordon THÉRRIAULT *
Directeur général
Big Brothers of Greater
Vancouver
Vancouver, Colombie-
Britannique

Secrétaire
André DUFOUR *
Avocat
Montréal, Québec

Trésorier
Michael D. SMITH *
Chef de programme-
Modélisation 3D
Softimage
Montréal, Québec

Membres
Kell ANTOFT
Région de l'Atlantique

Jim COUTTS
Région de l'Ontario

Richard GERVAIS
Région du Québec

Bruce GILBERT
Région de l'Atlantique

Theresa HOHNE
Région de la Colombie-
Britannique/Yukon

Huguette LABELLE
Région de l'Ontario

Sherry PEDEN
Région des Prairies

Susan VEIT
Région de la Colombie-
Britannique/Yukon

Membre ex officio
Jean-Guy BIGEAU *
Directeur général
KATIMAVIK
Montréal, Québec

* L'astérisque indique que la personne est aussi membre du comité exécutif.

TABLE DES MATIÈRES

ranscontinental
IMPRESSION
MÉTROLITHO

Imprimé au Canada